庄子选译

ZHUANGZI XUANYI

〔战国〕庄　子◎著
温　梦◎译注

光明日报出版社

图书在版编目（CIP）数据

庄子选译 /（战国）庄子著；温梦译注 . -- 北京：光明日报出版社，2013.6（2024.3 重印）

（光明岛）

ISBN 978-7-5112-4732-2

Ⅰ. ①庄… Ⅱ. ①庄… ②温… Ⅲ. ①道家②《庄子》—译文③《庄子》—注释 Ⅳ. ① B223.5

中国版本图书馆 CIP 数据核字（2013）第 126307 号

庄子选译

ZHUANGZI XUANYI

著　　者：〔战国〕庄　子　　译　　注：温　梦

责任编辑：李　倩　　责任校对：王腾达

封面设计：博文斯创　　责任印制：曹　诤

出版发行：光明日报出版社

地　　址：北京市西城区永安路 106 号，100050

电　　话：010-67022197（咨询），67078870（发行），67019571（邮购）

传　　真：010-67078227，67078255

网　　址：http://book.gmw.cn

E - mail：lijuan@gmw.cn

法律顾问：北京德恒律师事务所龚柳方律师

印　　刷：北京一鑫印务有限责任公司

装　　订：北京一鑫印务有限责任公司

本书如有破损、缺页、装订错误，请与本社联系调换，电话：010-67019571

开　　本：150mm × 220mm　　印　　张：12

字　　数：150 千字

版　　次：2013 年 6 月第 1 版

印　　次：2024 年 3 月第 4 次印刷

书　　号：ISBN 978-7-5112-4732-2

定　　价：29.80 元

目　录

内篇

逍遥游 / 2
齐物论 / 13
养生主 / 31
人间世 / 36
德充符 / 54
大宗师 / 65
应帝王 / 85

外篇

骈拇 / 94
马蹄 / 98
胠箧 / 101
秋水 / 108
至乐 / 124
山木 / 129
田子方 / 142
知北游 / 146

杂篇

徐无鬼 / 164
外物 / 168
寓言 / 172
列御寇 / 179

内　篇

逍遥游

一

北冥[①]有鱼，其名为鲲[②]。鲲之大，不知其几千里也；化而为鸟，其名为鹏[③]。鹏之背，不知其几千里也；怒[④]而飞，其翼若垂[⑤]天之云。是鸟也，海运[⑥]则将徙于南冥。南冥者，天池也。

【注释】

① 北冥：北海。冥，通“溟”。

② 鲲：传说中的大鱼。

③ 鹏：传说中的大鸟。

④ 怒：奋发貌。

⑤ 垂：垂挂，或通“陲”，即边际。

⑥ 海运：海水的自然运动。运，转。

【译文】

北海有一种鱼，名字叫鲲。鲲很大，大到不知它有几千里。鲲变成一种鸟，名字叫鹏。鹏的脊背，同样大到不知道有几千里。当鹏奋起飞翔的时候，它的翅膀好像天边的云彩。这只鸟在海动风起的时候便迁徙到南海那里。南海是一个天然形成的大池。

二

《齐谐》[①]者，志怪者也。《谐》之言曰：“鹏之徙于南冥也，水击[②]三千里，抟[③]扶摇[④]而上者九万里，去以六月息[⑤]者也。”野马[⑥]

也，尘埃也，生物之以息[⑦]相吹也。天之苍苍，其正色[⑧]邪[⑨]？其远而无所至极邪？其视下也，亦若是则已矣。

【注释】

①《齐谐》：为古代记录怪异之书，可能为齐国人作，今不传。

② 击：拍打，指鹏拍打水面借力奋飞。

③ 抟(tuán)：环绕，盘旋。

④ 扶摇：从地面盘旋而上的暴风。

⑤ 息：风。海上六月常有大风。

⑥ 野马：指游气。

⑦ 息：气息。

⑧ 正色：原本的颜色。

⑨ 邪：语气助词。

【译文】

《齐谐》是一部记载古代怪异的书。书中说："大鹏向南海迁徙的时候，激起三千里的波涛，盘旋的暴风直上九万里高空，乘着六月里的大风飞去。"野马般的游气，飞扬的尘埃，都是被生物的气息吹拂着在空中游荡。天色苍茫，这究竟是它原本的颜色，还是由于无穷尽的高远而显示出来的颜色呢？大鹏从高空向下看，地表的颜色也是如此吧。

三

且夫[①]水之积也不厚，则其负大舟也无力。覆[②]杯水于坳堂之上，则芥[③]为之舟，置杯焉则胶[④]，水浅而舟大也。风之积也不厚，则其负大翼也无力。故九万里则风斯在下矣，而后乃今培风[⑤]；背负青天而莫之夭阏[⑥]者，而后乃今将图[⑦]南。

【注释】

① 夫：发语词。

② 覆：倒出来。

③ 芥：小草。

④ 胶：粘，犹言搁浅。

⑤ 培风：凭借风的力。

⑥ 夭阏（è）：阻拦，遏制。

⑦ 图：打算。

【译文】

江河如果积水不深，它就没有荷载大船所需要的浮力。倾倒一杯水在堂中的低洼地上，可以漂起一根小草，就如同水中一只小船，如果把杯子放上去就浮不起来了，这是水浅而船大的缘故。风的积聚不够，那么它就没有力量可以负载巨大的翅膀。所以要飞上九万里的高空，大风必须就在它下面，然后才能乘风飞行；背靠着青天没有什么可以阻挡它的，然后才打算飞往南海。

四

蜩①与学鸠②笑之曰："我决③起而飞，抢④榆枋，时则不至而控⑤于地而已矣，奚以之九万里而南为？"适⑥莽苍者，三餐而反⑦，腹犹果然⑧；适百里者，宿舂粮；适千里者，三月聚粮。之二虫⑨又何知！

小知⑩不及大知，小年不及大年。奚以知其然也？朝菌⑪不知晦朔，蟪蛄⑫不知春秋，此小年也。楚之南有冥灵⑬者，以五百岁为春，五百岁为秋；上古有大椿者，以八千岁为春，八千岁为秋，此大年也。而彭祖⑭乃今以久特闻，众人匹之，不亦悲乎？

【注释】

① 蜩（tiáo）：蝉。

② 学鸠：斑鸠。

③ 决：急促的样子。

④ 抢：触，碰。

⑤ 控：引，落下。

⑥ 适：往，到。

⑦ 反:通“返”。

⑧ 果然:饭饱的样子。

⑨ 二虫:指蜩与学鸠。

⑩ 知:同“智”。

⑪ 朝菌:一种朝生暮死的虫。

⑫ 蟪蛄:寒蝉,夏生而秋死。

⑬ 冥灵:溟海灵龟。

⑭ 彭祖:传说中的长寿人物。

【译文】

蝉与斑鸠讥笑大鹏说:“我们奋力一飞,能冲到榆树、檀树的枝头那么高,有的时候还飞不到,那就落在地上罢了,为何要飞上九万里而向南海去呢?”到郊野去的人,带上三顿饭的干粮上路,回来的时候肚子还是饱饱的;到百里以外的地方,就需要准备过夜的粮食;要是去千里以外的地方,则需要预备三个月的干粮。这小虫小鸟又怎么能懂得呢?

才智小的不能理解才智大的,寿命短的不能理解寿命长的。怎么知道是这样的呢?朝菌不了解昼夜的更替,蟪蛄不了解四季的变化,这些都是寿命短的缘故。楚国的南部有一只灵龟,把五百年当做一个春天,五百年当做一个秋天;上古的时候有一种叫大椿的树,把八千年当做一个春天,八千年当做一个秋天,这是因为它们的寿命太长了。彭祖至今还以长寿而闻名,希冀长寿的人们往往拿他来做比较,这不令人悲哀吗?

五

汤[①]之问棘[②]也是已:“穷发[③]之北,有冥海者,天池也。有鱼焉,其广数千里,未有知其修[④]者,其名为鲲。有鸟焉,其名为鹏,背若太山,翼若垂天之云;抟扶摇羊角[⑤]而上者九万里,绝[⑥]云气,负青天,然后图南,且适南冥也。斥鴳[⑦]笑之曰:‘彼且奚适也?我腾跃而上,不过数仞而下,翱翔蓬蒿之间,此亦飞之至也!而彼且奚适也?’”此小大之辩也。

【注释】

① 汤：即商汤，为商朝开国之主。

② 棘：商汤时期的贤人。

③ 穷发：指草木不生的蛮荒之地。

④ 修：长。

⑤ 羊角：风曲而上行若羊角。

⑥ 绝：超越。

⑦ 斥鴳：生活在草泽中的小雀鸟。

【译文】

汤问棘也有这样的话："在草木不生的蛮荒之地北边有大海，就是所谓的天池。天池中有鱼，叫做鲲，它有数千里宽，没有人知道它有多长。有一种鸟，叫做鹏，它的脊背像泰山那样高大，它的翅膀好像垂于天际的云层，凭借着自下而上的旋风飞上九万里的高空，穿越云气，背负青天，然后向南飞，飞往南海。斥鴳嘲笑大鹏说：'大鹏将飞往什么地方呢？我跳起来飞向天空，不到几丈便落下来，在蓬蒿之间嬉戏，这也是飞翔的极限了。而它将飞往何处呢？'"这就是小与大的差别。

六

故夫知效[①]一官，行比[②]一乡，德合一君而征一国者，其自视也，亦若此矣。而宋荣子[③]犹然笑之。且举世而誉之而不加劝[④]，举世而非之而不加沮[⑤]，定乎内外之分，辩乎荣辱之境，斯已矣。彼其于世，未数数然[⑥]也。虽然，犹有未树也。夫列子[⑦]御风[⑧]而行，泠然[⑨]善也，旬有五日而后反。彼于致[⑩]福者，未数数然也。此虽免乎行，犹有所待[⑪]者也。

若夫乘天地之正，而御六气之辩，以游无穷者，彼且恶乎待哉！故曰：至人无己，神人无功，圣人无名。

【注释】

① 效：胜任。

② 比：适合。

③ 宋荣子：宋钘，战国时期宋人。

④ 劝：鼓励。

⑤ 沮：消极。

⑥ 数数然：急促的样子。

⑦ 列子：战国时候思想家列御寇。

⑧ 御风：乘风。

⑨ 泠然：轻妙的样子。

⑩ 致：求。

⑪ 待：依赖。

【译文】

所以，才智可以胜任某一官职，行为可以顺着一乡的风俗，品德可以符合某一国君的要求而且能取信于民者，他们自鸣得意也就好像小麻雀一样。而宋荣子却讥笑他们。全天下的人都称赞他，也不会更加勤勉。全天下的人都责难他，也不会因此而沮丧。宋荣子能够严守自我与外物之间的分别，辨别荣与辱的界限，他就是这样的超脱。他对于世俗的声誉、评价并没有放在心上。虽然如此，仍有未能达到的境界。列子乘风而走，样子很轻妙，半个月后便回来。他对于那些祈求幸福的行为，从来就没当回事。虽然能够免除步行的劳苦，仍有所凭借和依赖。

如果能够随顺天地万物的本性，因循六气的变化，遨游于无穷尽的世界里，他还有什么必须依赖的呢！所以说，修行极高的圣人能忘掉自我，修养达到人所莫测的人不追求功业，修养臻于完美的圣人不追求名誉。

七

尧让天下于许由[①]，曰："日月出矣，而爝火[②]不息，其于光也，不亦难乎！时雨降矣，而犹浸灌，其于泽[③]也，不亦劳乎！夫子立而天下治，而我犹尸[④]之，吾自视缺然。请致天下。"

许由曰："子治天下，天下既已治也，而我犹代子，吾将为名乎？名者，实之宾[⑤]也，吾将为宾乎？鹪鹩[⑥]巢于深林，不过一枝；偃鼠饮河，不过满腹。归休乎君！予无所用天下为。庖人[⑦]虽不治庖，尸祝[⑧]不越樽俎[⑨]而代之矣。”

【注释】

① 许由：尧帝时贤人。

② 爝火：人所持之烛火。

③ 泽：滋润。

④ 尸：古时在祭祀前人时用活人假扮前人主持仪式。

⑤ 宾：代号，非实体。

⑥ 鹪鹩：一种小鸟。

⑦ 庖人：厨师，这里指烹制祭品的人。

⑧ 祝：持祭版祷祝的人。

⑨ 樽俎：皆为古代祭祀时所用的礼器。

【译文】

尧想把天下让位给许由，说：“日月都出来了，而烛火还不熄灭，要和日月争光，不是很难吗！雨按时令降下了，而人们还要进行人工灌溉使土壤滋润，岂不是徒劳吗！如果先生你立为天子，那么天下将大治，而我还占据这个位子，我自认为不够资格。所以请允许我把天下交给你来治理。”

许由说：“您治理天下，天下已经治理得很好了，如果我还要取代你的位置，我难道为的是名声吗？名声不过是身外之物，我难道为了要这另外的东西吗？鹪鹩把巢安在森林中，也不过占有一根树枝；偃鼠在河边饮水，不过喝饱了肚皮了事。你请回吧，我要天下做什么？厨师不下厨，祭祀的司仪也不越位代替厨师去烹饪啊！”

八

肩吾问于连叔[①]曰：“吾闻言于接舆[②]，大而无当，往而不返。吾惊怖其言，犹河汉而无极也，大有径庭，不近人情焉。”

连叔曰：“其言谓何哉？”

"曰：'藐姑射[3]之山，有神人居焉。肌肤若冰雪，绰约[4]若处子；不食五谷，吸风饮露；乘云气，御飞龙，而游乎四海之外；其神凝，使物不疵疠[5]而年谷熟。'吾以是狂而不信也。"

连叔曰："然，瞽者[6]无以与乎文章之观，聋者无以与乎钟鼓之声。岂唯形骸有聋盲哉？夫知亦有之。是其言也，犹时女[7]也。之人也，之德也，将旁礴[8]万物以为一，世蕲[9]乎乱，孰弊弊[10]焉以天下为事！之人也，物莫之伤，大浸稽[11]天而不溺，大旱金石流、土山焦而不热。是其尘垢秕糠，将犹陶铸尧、舜者也，孰肯以物为事！"

宋人资[12]章甫而适诸越，越人断发文身，无所用之。尧治天下之民，平海内之政，往见四子藐姑射之山，汾水之阳，窅然[13]丧其天下焉。

【注释】

① 肩吾、连叔：皆为古时贤人，也有说为虚构人物。

② 接舆：为古时隐士。

③ 藐姑射：传说中的神山。

④ 绰约：柔婉的样子。

⑤ 疵疠：病害。

⑥ 瞽(gǔ)者：盲人。

⑦ 时女：指处女。

⑧ 旁礴：混同。

⑨ 蕲(qí)：求。

⑩ 弊弊：操劳的样子。

⑪ 稽：至。

⑫ 资：货，贩卖。

⑬ 窅(yǎo)然：惆怅的样子。

【译文】

肩吾向连叔请教说："我听接舆说话，宏大而不着边际，侃侃而谈，而离题万里。我惊骇他的言论，好像天上银河一样没有边际，与常理大不相符，实在是不近人情啊。"

连叔说:“他说些什么?”

肩吾说:“他说:‘在藐姑射那座山上住着一位神仙,肌肤像雪一样洁白,姿态柔婉如同少女;不吃五谷杂粮,而吸风饮露,乘着云气驾驭飞龙,遨游于四海之外;他的神情专一,能使农作物不受病害而五谷丰登。’我认为他所说的话虚妄而不可信。”

连叔说:“不错,盲人无法使之看到纹理的美观,聋人无法使之听到钟鼓的声音。难道只有形体上才有聋瞎吗?其实人的心智也是一样的。上述的话,也是针对你而言的呀。这位神人,他的德行于万物混同在一起,世人祈求他来治理天下,谁肯费尽辛劳把治理天下当回事呢!这种人,外物无法伤害到他,洪水滔天也淹不死他,天气旱热到金属与石头都晒化了,土壤、山林都烤焦了,他也不觉得热。他的尘垢秕糠,也能铸造出尧舜来,他怎肯以俗物为事务呢!

宋国人到越国去贩卖帽子,而越国人断发纹身,帽子对他们来说没有用处。尧治理天下的百姓,平复海内的政局,于是到汾水北边的藐姑射山上去见四位高人,惆怅茫然间忘其身居天下之位。”

九

惠子[①]谓庄子曰:“魏王贻[②]我大瓠[③]之种,我树之成而实五石。以盛水浆,其坚不能自举也。剖之以为瓢,则瓠落无所容。非不呺[④]然大也,吾为其无用而掊[⑤]之。”

庄子曰:“夫子固拙于用大矣。宋人有善为不龟手之药者,世世以洴澼[⑥]絖[⑦]为事。客闻之,请买其方百金。聚族而谋曰:‘我世世为洴澼絖,不过数金。今一朝而鬻[⑧]技百金,请与之。’客得之,以说吴王。越有难,吴王使之将。冬,与越人水战,大败越人,裂地[⑨]而封之。能不龟手一也,或以封,或不免于洴澼絖,则所用之异也。今子有五石之瓠,何不虑以为大樽[⑩]而浮乎江湖,而忧其瓠落无所容?则夫子犹有蓬之心也夫!”

【注释】

① 惠子:即惠施,战国思想家。

② 贻：送。

③ 瓠：葫芦。

④ 呺（xiāo）：大而中空。

⑤ 掊：击破。

⑥ 洴澼（píngpì）：漂洗。

⑦ 絖（kuàng）：通“纩”，棉麻絮。

⑧ 鬻：卖。

⑨ 裂地：分出一块地方。

⑩ 樽：形似酒樽的腰舟。

【译文】

惠施对庄子说：“魏王送给我一棵大葫芦的种子，我把它种下收获了五石之大的大葫芦。用它盛水浆，由于它的硬度差，不能举起来；把它剖开作瓢，那么阔大的瓢无处可容。它不能说不够大了，但我因为它没有用处而把它打破了。”

庄子说：“你实在是不善于用大的东西。宋国有人善于制作防治手龟裂的药，他们家世世代代靠漂洗衣物为生。有一位客人听说了，请求用百金买他的药方。那个宋国人聚集全家商量说：‘我们家世代以漂洗衣服为生，不过取得几金的收入。现在通过卖药方一下子可以得到百金，卖给他吧！’客人得到药方，去游说吴王。适值越国发难，吴王派遣他统率军队，在冬天，与越国人水战，大败越国人，为此吴王划地分封以奖赏他。同样一个不龟裂手的药方，有人因此得分封之赏，有人则免不了利用它去做漂洗衣服这样的事，这就是使用上的差异了。现在先生有能容纳五石东西的大葫芦，为什么不考虑把它做成腰舟在江湖间漂浮，反而愁它太大而无处可容呢？可见你的心思像蓬草一样迷乱，还没有开通呢！”

十

惠子谓庄子曰：“吾有大树，人谓之樗[①]。其大本[②]拥肿[③]而不中绳墨，其小枝卷曲而不中规矩。立之涂[④]，匠者不顾。今子之言，大而无用，众所同去也。”

庄子曰："子独不见狸狌[5]乎？卑身而伏，以候敖[6]者；东西跳梁，不辟高下；中于机辟[7]，死于罔罟[8]。今夫斄牛[9]，其大若垂天之云，此能为大矣，而不能执鼠。今子有大树，患其无用，何不树之于无何有之乡，广莫之野，彷徨[10]乎无为其侧，逍遥乎寝卧其下？不夭斤斧，物无害者，无所可用，安所困苦哉！"

【注释】

① 樗：臭椿，落叶乔木，有臭味，木质粗劣。

② 本：树根。

③ 拥肿：指木瘤集结。

④ 涂：道。

⑤ 狸狌：狸，野猫；狌，黄鼠狼。

⑥ 敖：通"遨"，游。指来来往往的猎物。

⑦ 机辟：指猎人设置的机关。

⑧ 罔罟：网。

⑨ 斄(lí)牛：牦牛。

⑩ 彷徨：徘徊，悠然自得。

【译文】

惠子对庄子说："我有一个大树，人们称之为臭椿。它的树干长满木瘤而不合绳墨的要求；它的小枝条卷曲而不合规矩。它长在路边，路过的木匠都不看它一眼。而今你的言论大而无用，大家都不愿意听你说。"

庄子说："你没见过猫和黄鼠狼吗？压低身子伏在地上，候捕来往的猎物。一会儿东一会儿西跳来跳去，不避高低；常常陷入猎人设置的机关，而死在罗网中。再看牦牛，身体庞大好像天边悬挂的云彩。虽不能捕鼠，但它的功能可大了。现在你有这么一棵大树，还因其无用而忧虑，为什么不把它种在什么也没有的地方，广袤无垠的旷野上，自由自在地在它旁边悠游，或者随心所欲地睡在树下？它不会遭到斧斤的砍伐，也没有东西来伤害它，虽然没有用处，哪里有什么困苦呢！"

齐物论

一

南郭子綦[①]隐机而坐，仰天而嘘，荅焉似丧其耦。颜成子游[②]立侍乎前，曰："何居乎？形固可使如槁木，而心固可使如死灰乎？今之隐机者，非昔之隐机者也。"

子綦曰："偃，不亦善乎，而问之也！今者吾丧我，汝知之乎？女闻人籁而未闻地籁，女闻地籁而未闻天籁夫！"

子游曰："敢问其方。"

子綦曰："夫大块噫气，其名为风。是唯无作，作则万窍怒呺。而独不闻之翏翏乎？山林之畏佳，大木百围之窍穴，似鼻，似口，似耳，似枅，似圈，似臼，似洼者，似污者。激者、謞者、叱者、吸者、叫者、譹者、宎者、咬者。前者[③]唱于而随者[④]唱喁，泠风则小和，飘风则大和，厉风济则众窍为虚。而独不见之调调之刁刁乎？"

子游曰："地籁则众窍是已，人籁则比竹[⑤]是已，敢问天籁？"

子綦曰："夫吹万不同，而使其自己也。咸其自取，怒者其谁邪？"

【注释】

① 南郭子綦(qí)：庄子书中的寓言人物，因居南郭，故以南郭为号，子綦为其名字。

② 颜成子游：子綦的学生，姓颜，名偃，字子游，谥号为成。

③ 前者:指风。

④ 随者:指孔穴。

⑤ 比竹:用多根竹子并起来制成的乐器。比,并列、排比。

【译文】

南郭子綦靠着几案而坐,仰着脸向天缓缓地呼吸,好像遗忘了自己的形体一样。他的学生颜成子游在前面陪着他,立着就问他说:“为什么这个样子呢?难道人的形体可以使它像枯槁的木头一样,而心灵可以使它像死灭的灰烬一样吗?今天靠着几案而坐的你,已经不是昨天靠着几案而坐的你了!”

南郭子綦说:“颜偃啊,你问的这些话,好极了!今天我丢掉了自己,你知道吗?你只懂得人的音律,而不懂地的音律,只懂得地的音律,而不懂得天的音律啊!”

颜成子游说:“我请教这里面的道理。”

南郭子綦说:“大地一出长气,就叫作风。这风除非是不起,一起,地上所有的孔窍就都怒着劲地号叫起来。你难道没有听到过那呼呼的声音吗?那山林里面的大风扇动起来,百围粗大树的窟窿,有的像鼻子,有的像嘴,有的像耳朵,有的像梁上的方孔,有的像杯圈,有的像舂臼,有的像深水池,有的像小水池。(它们所发出的声音,)有的像激水声,有的像箭发出的声音,有的像呵叱,有的像吸气,有的像吼叫,有的像嚎哭,有的像狗吠,有的像哀怨。前面唱出于于的声音,而随着的唱出喁喁的声音。细风就用小的声音相应和,暴风就用大的声音相应和。狂风一停,所有的孔窍立刻就都寂静下来。你没看到草木还在摇摇曳曳地晃动吗?”

子游说:“‘地籁’是众多窍孔发出的风声,‘人籁’则是竹箫吹出的声音,请问‘天籁’是什么呢?”

子綦说:“所谓‘天籁’,乃是风吹万种窍孔发出的各种不同的声音。它们的发动和停止都是它们自己,都是各自的自然状态所致,谁能去发动它们呢?”

二

大知[①]闲闲,小知间间;大言炎炎,小言詹詹。其寐也魂交,其觉也形开。与接为构，日以心斗。缦者，窖者，密者。小恐惴惴，大恐缦缦。其发若机栝，其司是非之谓也；其留如诅盟，其守胜之谓也；其杀[2]若秋冬，以言其日消也；其溺之所为之，不可使复之也；其厌也如缄，以言其老洫也；近死之心，莫使复阳也。喜怒哀乐，虑叹变慹[3]，姚佚启态。乐出虚，蒸成菌。日夜相代乎前，而莫知其所萌。已乎，已乎！旦暮得此，其所由以生乎！

【注释】

① 大知：知识广博。知，同“智”。

② 杀：减少、衰退。

③ 慹（zhé）：恐怖。

【译文】

见识大的，率性散淡；见识小的，琐细褊狭。大的言论，平平淡淡；小的言论，唠唠叨叨。人在睡眠的时候，精神静定；人在觉醒的时候，形体开朗。同别人互相交接，天天要勾心斗智。有的散漫不经，有的藏奸不露，有的心情隐秘。小的恐惧，惴惴不安；大的恐惧，惊魂失魄。有的一行动就像搭在弓上的箭一般，这表明他对于是非有一定的主见；有的静默得像面临盟誓一般，这表明他操守着必胜的信念。他们衰颓如同秋冬的景物凋零，这表明他精力一天比一天地在消损；他们沉溺在所作所为中，无法使他们再恢复本然之性；有的伏藏得像捆缚着的一般，这表明是年纪衰迈而神情凝静；有的心灵都快死去了，是不可能再使他恢复生机了。喜欢、恼怒、悲哀、快乐、忧虑、伤叹、诡变、恐怖、轻佻、放荡，都会表露出种种不同的神态。这些现象就像音乐从虚空的东西里发出来一样，又像菌类被地气蒸发出来的一样。这些情绪和心态日夜更替和变化，可是谁也不知道这都是怎样发生的。算了吧！算了吧！一旦得知这些情绪发生的道理，也就明白这些情绪产生的根由了！

三

非彼[1]无我，非我无所取。是亦近矣，而不知其所为使。若有真宰，而特不得其眹。可行已信，而不见其形，有情而无形。

百骸、九窍、六藏，赅而存焉，吾谁与为亲？汝皆说之乎？其有私焉？如是皆有为臣妾乎？其臣妾不足以相治乎？其递相为君臣乎？其有真君②存焉！如求得其情与不得，无益损乎其真。

一受其成形，不亡以待尽。与物相刃③相靡④，其行尽如驰而莫之能止，不亦悲乎？终身役役而不见其成功，苶然疲役而不知其所归，可不哀邪！人谓之不死，奚益！其形化，其心与之然，可不谓大哀乎？人之生也，固若是芒乎？其我独芒，而人亦有不芒者乎？

夫随其成心而师之，谁独且无师乎？奚必知代而心自取者有之？愚者与有焉！未成乎心而有是非，是今日适越而昔至也。是以无有为有。无有为有，虽有神禹且不能知，吾独且奈何哉！

【注释】

① 彼：自然也。

② 真君：即真宰。本真的存在物。

③ 刃：逆也。

④ 靡：顺也。

【译文】

如果没有外界的存在，也就不会有我的存在；如果没有我的存在，外界也就无从显现。人们能够认识这种相互依存的关系，但是也不知道究竟是谁使得这样。在这里好像是有个真正的主宰，但是总也找不到它的踪迹。我们可以按着已经证明的认识去行动，但是却又看不到它的形象。（这个真正的主宰）有它的情实，虽然并没有它的形体。

身上所有的骨骸、孔窍、内脏，都很完备地存在着。我究竟和哪一部分最亲密呢？你都欢喜它们吗？还是也怀着偏心眼儿呢？如果都把它们当作我的奴仆，这些奴仆是不能够互相节制的；是不是要教它们替换着作主仆呢？这里大概是有个真正的统帅存在着吧。无论能否获得统帅的真实情况，对其本真来说无益无损。

世人一旦禀受成为人体，虽然不至于马上死亡，却也在衰耗中坐等死神的来临。人和万物，既是互相残伤，又是互相依附。人的行动完全像奔驰一样，永远也得不到休息。这不也太可怜了吗？自己苦干一辈子，也看不出有什么成就来；劳累得精疲力尽，也不知道将来落得个什么归宿，能够不令人感到悲哀吗？这样的人生虽然不死，这又有什么益处呢？你的形体一有变化，你的心灵也就随着它变化。这能说不是最大的悲哀吗？人的一生，原来就是这样渺渺茫茫的吗？还是只有我独独这样渺渺茫茫？而别人也有不渺茫的呢？

人如果都随着自己定了形的心意（主见）而把它作为自己的判断标准，那谁又独独地没有个标准呢？难道必定是懂得循环交替的道理而且自己知道去追求的人才有这种标准？愚蠢的人也是有的！如果在自己的心意中还没有定形，可是就已经有了是非的见解，这就等于说"今天往越国去，可是昨天就到了"的话是一样。这便是把"无有"当做"有"。把"无有"当做"有"，纵然有神圣的大禹，也不可能领会。我们又独独地能够怎么样呢？

四

夫言非吹也。言者有言，其所言者特未定也。果有言邪？其未尝有言邪？其以为异于鷇音，亦有辩[①]乎？其无辩乎？

道恶乎隐而有真伪？言恶乎隐而有是非？道恶乎往而不存？言恶乎存而不可？道隐于小成，言隐于荣华。故有儒墨[②]之是非，以是其所非而非其所是。欲是其所非而非其所是，则莫若以明。

物无非彼，物无非是。自彼则不见，自是则知之。故曰：彼出于是，是亦因彼，彼是方生[③]之说也。虽然，方生方死，方死方生；方可方不可，方不可方可；因是因非，因非因是。是以圣人不由而照之于天，亦因是也。

是亦彼也，彼亦是也。彼亦一是非，此亦一是非。果且有彼是乎哉？果且无彼是乎哉？彼是莫得其偶，谓之道枢。枢始得其环中，以应无穷。是亦一无穷，非亦一无穷也。故曰：莫若以明。

【注释】

① 辩：通"辨"，辨别。

② 儒墨:儒家和墨家。

③ 方生:并生、并存。

【译文】

言论并不像风的吹动。发言的人议论纷纷,只是他们所说的话并不能作为确定是非的标准。他究竟是有话呢,还是没有话呢?如果以为这并不同于小鸟初出蛋壳的声音,究竟是有区别呢?还是没有区别呢?

"道"被什么所障蔽就有了真假呢?语言被什么所障蔽就有了是非呢?"道"流行到什么境界才没有它的存在了呢?语言,存在到什么境界才不适宜了呢?"道"是被一知半解所障蔽的,语言是被华而不实所障蔽的。所以,这才有了儒家、墨家不同的是非,他们都以对方所非者为是,以对方所是者为非。与其把对方所非者为是,把对方所是者为非,还不如用虚静之心去观照事物,明于大道。

以我观物,则物皆为彼;以物自观,则皆为此。如果站在外界的角度上来看,就什么都看不出来;如果站在知道的角度来看,就什么都知道。所以说彼即发生于此,此也依从于彼。彼和此,乃是正在生成中的一种说法。虽然如此,正在生成,同时也是正在死亡;正在死亡,同时也是正在生成。正在适可,同时也是正在不适可;正在不适可,同时也是正在适可。依从着是,同时也是依从着非;依从着非,同时也是依从着是。所以圣人不遵从(是非的道路),而是用天道来照明事理,也就是因为这个缘故。

此也是彼,彼也是此。彼有它的是非,此也有它的是非。究竟是有彼此的区别呢?究竟是没有彼此的区别呢?彼此双方都找不到它的对立面,这就是"道"的枢纽。掌握了这个枢纽好比得到了"道"的圆环中心,可用来应付世间一切没有穷尽的事理。是也是一种没有穷尽的,非也是一种没有穷尽的。所以说,还不如用事物本来的面目来显示它。

五

以指喻指之非指,不若以非指喻指之非指也;以马喻马之非马,不若以非马喻马之非马也。

天地一指也,万物一马也。可乎可,不可乎不可。道行之而成，物谓之而然。恶乎然？然于然。恶乎不然？不然于不然。物固有所然，物固有所可。无物不然，无物不可。故为是举莛[①]与楹，厉[②]与西施，恢恑[③]憰怪[④]，道通为一[⑤]。其分也，成也；其成也，毁也。凡物无成与毁，复通为一。

唯达者[⑥]知通为一，为是不用而寓诸庸。庸也者，用也；用也者，通也；通也者，得也。适得而几矣。因是已，已而不知其然，谓之道。劳神明为一，而不知其同也，谓之"朝三"。何谓"朝三"？狙公赋芧[⑦]，曰："朝三而暮四。"众狙皆怒。曰："然则朝四而暮三。"众狙皆悦。名实未亏，而喜怒为用，亦因是也。是以圣人和之以是非，而休乎天钧，是之谓两行。

【注释】

① 莛（tíng）：草茎。

② 厉：病癞，指丑女。

③ 恑（guǐ）：通"诡"，诡秘。

④ 憰（jué）：通"谲"，欺诈。

⑤ 道通为一：从大道的角度来看其实都是一样的。

⑥ 达者：达于道者，即认识了事物根本规律的人。

⑦ 赋芧（xù）：分发橡子。赋，给。

【译文】

用手指头来说明手指头不是手指头，就不如用非手指头来说明手指头不是手指头；用马来说明马不是马，就不如用非马来说明马不是马。

天地与一个手指头，万物与一匹马，都是没有区别的。适可就是由于适可，不适可就是由于不适可。道路，是由于走它而形成的；万物，是由于称呼它而如此的。为什么如此？如此就是由于如此；为什么不如此？不如此就是由于不如此。事物原来就有它所以如此的原因，万物原来就有它所以适可的道理。没有一种事物不如此，没有一种事物不适可。从道的观点而言，草茎和梁柱，丑人和西施，以及宽大、诡变、狡诈、妖异这些概念，都是一样的，是可以贯通一体的。万事有所分，必有所成；有所成，必有所毁。所有事物的成全和毁灭，还是可以贯通一体的。

只有通达事理的人才懂得这个贯通一体的道理。圣人不在事理之中追求自己所认为是的,而是把一切是非寄托在寻常事理之中。所谓通达大道的人才,就是顺从众人以众人的好恶为好恶;以众人的好恶为好恶就能通达于大道。能通达于大道,便无往而不自得。能达到自得,便近于大道了。能了无是非,顺物忘怀,浑然一体,则不知其所以然,这就叫做"道"。如果劳役自己的精神,来求得事理的一贯,可是并不懂得本来就是相同的道理,这就叫作"朝三"。什么叫做"朝三"呢?养猴子的人在给猴子们橡子吃的时候,对它们说:"早晨给你们三升,晚上给你们四升。"所有的猴子都恼怒了。养猴子的人就换了一种说法:"那么,就早晨给你们四升,晚上给你们三升。"所有的猴子们都喜欢了。——名义和实际两方都没有增损,可是就有了喜欢和恼怒的不同,也是因为这个(不懂得其中相同的)道理。所以,圣人对于天下的事理,是用是非和同它们,(而不是区别它们)把它们都安放在"天均"(循环的天道)之上。这就叫作并行不悖(因是因非,因非因是)。

六

古之人①,其知②有所至矣。恶乎至?有以为未始有物者,至矣,尽矣,不可以加矣!其次以为有物矣,而未始有封③也。其次以为有封焉,而未始有是非也。是非之彰也,道之所以亏也。道之所以亏,爱之所以成。果且有成与亏乎哉?果且无成与亏乎哉?有成与亏,故昭氏④之鼓琴也;无成与亏,故昭氏之不鼓琴也。昭文之鼓琴也,师旷⑤之枝策也,惠子之据梧也,三子之知几乎皆其盛者也,故载之末年。唯其好之也以异于彼,其好之也欲以明之。彼非所明而明之,故以坚白之昧⑥终。而其子又以文之纶终,终身无成。若是而可谓成乎,虽我亦成也;若是而不可谓成乎,物与我无成也。是故滑疑之耀⑦,圣人之所图⑧也。为是不用而寓诸庸,此之谓"以明"。

【注释】

① 古之人:古时的得道者。

② 知：同“智”，智慧。

③ 封：疆域，界限。

④ 昭氏：郑国太师。姓昭名文，善鼓琴。

⑤ 师旷：晋平公乐师，精于音律。

⑥ 坚白之昧：坚白，即战国时公孙龙“离坚白”的理论；昧，晦暗不明。

⑦ 滑疑之耀：迷乱人心的炫耀。

⑧ 图：除，摒弃。

【译文】

古代的人，他们的认识是有相当造诣的。他们的造诣到了什么样的程度呢？有的以为天地间是并没有什么万物的。这样的认识可说是最高明的了，达到极点了，不可能再超过他了。稍差一等的人，以为天地间是有万物的，但是它们并没有什么彼此的界限。再次一等的人，以为万物是有彼此的界限的，但是它们并没有什么是非的区别。是非的出现，便是“道”所以亏损的由来。“道”的亏损，是由个人的偏好所造成的。究竟是有成就和亏损呢，还是没有成就和亏损呢？有成就和亏损，这就如同昭文的弹琴（表彰声音，反而丢掉了声音）一样；没有成就和亏损，这就如同昭文的不弹琴（不表彰声音，反而保全了声音）一样。昭文的弹琴，师旷的调节音律，惠施的倚树辩论，这三个人的智慧，都可以说是了不起的了！这都是他们伟大的造诣，所以他们一直从业到晚年。因为他们有所爱好，便对别人标新立异；他们总想把自己所爱好的，向别人表露。不应当表露而表露，所以他就终于死守在“坚白”的暗昧之论上。并且昭文的儿子也死守在他所遗留下的文字上，一辈子也没有什么成就。像这样，如果也叫作是有成就的话，那么我虽然没有成就也得算是有成就的。像这样，如果不叫作有成就的话，那么万物和我就都没有什么成就。因此，惑乱人心的炫耀之论，便是圣人所鄙弃的。——不在事理之中追求自己所认为是的，而是把一切是非都寄托在寻常事理之中，这就叫作“以明”。

七

今且有言于此，不知其与是类乎？其与是不类乎？类与不类，相与为类，则与彼无以异矣。

虽然，请尝言之。有始也者[①]，有未始有始也者，有未始有夫未始有始也者。有有也者，有无也者，有未始有无也者，有未始有夫未始有无也者。俄而有无矣，而未知有无之果孰有孰无也。今我则已有谓矣，而未知吾所谓之其果有谓乎？其果无谓乎？

天下莫大于秋毫之末，而大山[②]为小；莫寿于殇子[③]，而彭祖为夭[④]。天地与我并生，而万物与我为一。既已为一矣，且得有言乎？既已谓之一矣，且得无言乎？一与言为二，二与一为三。自此以往，巧历[⑤]不能得，而况其凡乎！故自无适[⑥]有，以至于三，而况自有适有乎！无适焉，因是已！

【注释】

① 有始也者：宇宙有个开始。

② 大山：泰山。

③ 殇子：夭折的婴儿。

④ 夭：少壮而死。

⑤ 巧历：巧于、善于计算者。

⑥ 适：至，推算。

【译文】

现在在这里说一些话，不知这些话与其他论者的议论是否一样？无论一样还是不一样，既可以相比较那也就没什么两样。

虽然如此，还是让我试着把它说出来。事物有它的开始，有未曾开始前的开始，有未曾开始前的未曾开始的开始。万物有它的“有”，有它的“无”，还有未曾有“无”的“无”，更有未曾有那未成有的“无”。忽而之间，有无互现，但还不知道这种“有”和“无”是真的有还是真的无。现在我已经讲了这段话，但不知道我是果真说了这些呢？还是根本没有说？

天下最大的事物莫过于秋毫的末端，而泰山却是渺小的；世界上最长寿的莫过于夭折的婴儿，而彭祖可以说是短命夭亡。天地万物与我同生共存，和我同为一体。既然万物与我一体，还能说什么呢？但既然有了“万物与我同为一体”的议论，还能说没有言论吗？万物一体加上我的话就是二,二再加上一就是三。这样推算下去,即使善于计算的人也无法得出最后的结果,更何况我们这些普通人呢?从无到有已经推至三(三便可生万物),更何况从有到有的推算呢!没有必要再往前推算了,还是顺应事物的本原吧!

八

夫道未始有封,言未始有常,为是而有畛①也。请言其畛。有左有右,有伦②有义③,有分有辩,有竞有争,此之谓八德。六合④之外,圣人存而不论;六合之内,圣人论而不议;春秋经世先王之志,圣人议而不辩。故分也者,有不分也;辩也者,有不辩也。曰:何也?圣人怀之⑤,众人辩之以相示也。故曰:辩也者,有不见也。

夫大道不称,大辩不言,大仁不仁,大廉不嗛⑥,大勇不忮⑦。道昭而不道,言辩而不及,仁常而不成,廉清而不信,勇忮而不成。五者无弃而几向方矣!

故知止其所不知,至矣。孰知不言之辩,不道之道?若有能知,此之谓天府。注焉而不满,酌焉而不竭,而不知其所由来,此之谓葆光⑧。

故昔者尧问于舜曰:“我欲伐宗、脍、胥敖,南面而不释然。其故何也?”舜曰:“夫三子者,犹存乎蓬艾之间。若不释然,何哉?昔者十日并出⑨,万物皆照,而况德之进乎⑩日者乎!”

【注释】

① 畛(zhěn):界限。

② 伦:次序。

③ 义:通“仪”,仪则。

④ 六合:天地和东西南北四方,指宇宙中的空间而言。古人称上下四方为宇,古往今来为宙,宇为空间,宙为时间,六合亦可引申为宇宙。

⑤ 怀之:“怀”为胸怀,此处用作动词,即将是非等议论藏在胸中。

⑥ 嗛(qiān):同“嵰”,崖岸。

⑦ 忮(zhì):害,伤害。

⑧ 葆光:包藏光明而不外露。

⑨ 十日并出:古代寓言,《淮南子本经训》载:“尧时十日并出,……皆为民害。”

⑩ 进乎:胜于。

【译文】

道从开始就没有界线,语言从开始就没有定论,因为有了是与非这样的概念,才划出许多界线。请让我谈谈这个界线。左、右、次序、等级、差别、竞争、争论、辩论,这就是八种界线。对天地之外的事物,古代的圣人心中存留而不去辩解,天地之内的事物,圣人只是加以解说而不作评论。春秋史实乃至先王治国的方略,圣人只议论其内容,而不辩论其是非曲直。所以,天下的事理有分别的也有不分别的;有争论未定的,也有不再争议的。这是为什么呢?圣人把这些观点藏在心中,一般的人却努力去分辨它,以夸耀、显示自己。所以说,争辩有时会越争越乱,掩盖了道的真相。

大道是不在于努力张扬显示的,大辩是不表现在喋喋不休的言论上的,大仁不是一种偏爱,大廉不是表面上的谦逊退让,大勇不是以伤害他人为标准的。“道”说出来就不是道,言语再辨析周详也有所不及,仁爱经常普及就不能保全了,廉洁过于清纯就不真实了,勇敢达到伤人的地步就不是真正的勇敢了。所以上述五种情况不被忽视就接近于道了。

所以说,知道完善自己的本性而不强求本性以外的发展,这就算是明智之极了。谁知道不靠言辞的雄辩和不靠宣扬的大道呢?若有谁知道,就可称得上是天的府库,怎么也装不满,怎么也取不尽,也不知道它的源头在哪里。这就叫做含而不露的光彩。

从前尧问舜:“我想去讨伐宗、脍、胥敖这三个小国,每当临朝理政时,总感到心神不定,这是怎么回事呢?”舜说:“这三个小国到今天还存在于像蓬草一样荒僻之处,您还内心不安,这是为什么呢?当年十个太阳一齐升起,万物都在阳光照耀之下,何况您的道德的光芒已经超过了太阳的光芒了呢!”(您应让他们存在下去。)

九

啮缺问乎王倪[1]曰:“子知物之所同是[2]乎?”

曰:“吾恶乎知之!”

“子知子之所不知邪?”

曰:“吾恶乎知之!”

“然则物无知邪?”

曰:“吾恶乎知之!虽然,尝试言之:庸讵知吾所谓知之非不知邪?庸讵知吾所谓不知之非知邪?且吾尝试问乎女:民湿寝则腰疾偏死[3],鳅然乎哉?木处则惴栗恂惧,猨猴然乎哉?三者孰知正处?民食刍豢[4],麋鹿食荐,蝍蛆甘带,鸱鸦耆鼠,四者孰知正味?猿猵狙以为雌,麋与鹿交,鳅与鱼游。毛嫱[5]丽姬,人之所美也;鱼见之深入,鸟见之高飞,麋鹿见之决骤[6],四者孰知天下之正色[7]哉?自我观之,仁义之端,是非之涂,樊然淆乱,吾恶能知其辩!”

啮缺曰:“子不知利害,则至人固不知利害乎?”

王倪曰:“至人神矣!大泽焚而不能热,河汉[8]冱而不能寒,疾雷破山、飘风振海而不能惊。若然者,乘云气,骑日月,而游乎四海之外,死生无变于己,而况利害之端乎!”

【注释】

① 啮(niè)缺、王倪:均为《庄子》书中的寓言人物(或说是尧时的贤人)。王倪是啮缺的老师。

② 同是:共同标准,共同认可。

③ 偏死:半身瘫痪。

④ 刍豢(chúhuàn):指家畜。食草者谓刍,食谷者谓豢。

⑤ 毛嫱:古代美人。

⑥ 决骤:疾奔。决,疾走不顾。

⑦ 正色:真正漂亮的容貌。

⑧ 河汉:泛指江河。河,黄河;汉,汉水。

【译文】

啮缺问他的老师王倪:"先生,您知道万物有一个共同的标准吗?

王倪说:"我怎么会知道这些事呢?"

又问:"您知道哪些是您所不知道的东西吗?"

王倪又答:"我怎会知道!"

啮缺再问:"那么事物就是无法认识的吗?"

王倪答道:"我怎么知道!不过虽然如此,还是让我来说说看:怎么知道我所讲的知不是不知呢?又怎么知道我所讲的不知就不是知呢?我先问问你:人睡在潮湿的地方时间长了,就会患腰痛乃至偏瘫,(住在水中的)泥鳅也会这样吗?人爬到高处的树上就会心惊胆战,(住在树上的)猿猴也会这样吗?这三种动物谁的生存居处是标准的呢?人吃畜禽,麋和鹿吃草,蜈蚣吃小蛇,猫头鹰和乌鸦吃老鼠,谁知道这四种动物的口味哪一种是标准的呢?猿以猵狙为偶,麋和鹿交配,鳅和鱼交尾。毛嫱和丽姬,是人们共同认为最美的,而鱼见了就藏进水底,鸟见了高高飞起,麋鹿见了快速逃避,这四种动物到底谁能知道天下真正美的标准呢?依我看来,仁义、是非纷繁杂乱混在一起,我又怎么能知道它们之间的区别呢?"

啮缺说:"你不了解利害,难道品德高尚的人也不知道利害吗?"

王倪说:"圣人实在神妙!山林被焚,他却不感到热;江河被冻,他却不感到冷;疾雷劈山,他不会受伤害;暴风掠海,他也不会惊恐。像这样的圣人,乘云气,驾日月,四海遨游,生死对他都没有变化,更何况利害观念这样的小事呢!"

十

瞿鹊子问乎长梧子①曰:"吾闻诸夫子,圣人不从事于务,不就利，不违害，不喜求，不缘道，无谓有谓，有谓无谓，而游乎尘垢之外。夫子以为孟浪之言，而我以为妙道之行也。吾子以为奚若？”

长梧子曰：“是黄帝之所听荧也，而丘也何足以知之！且女亦大[2]早计，见卵而求时夜，见弹而求鸮炙。

“予尝为女妄言之，女亦妄听之。奚旁日月，挟宇宙，为其吻合，置其滑涽[3]，以隶相尊[4]？众人役役，圣人愚芚，参万岁而一成纯。万物尽然，而以是相蕴。

“予恶乎知说生之非惑邪！予恶乎知恶死之非弱丧[5]而不知归者邪！丽之姬[6]，艾封人之子也。晋国之始得之也，涕泣沾襟。及其至于王所，与王同筐床，食刍豢，而后悔其泣也。予恶乎知夫死者不悔其始之蕲生乎？

“梦饮酒者，旦而哭泣；梦哭泣者，旦而田猎。方其梦也，不知其梦也。梦之中又占其梦焉，觉而后知其梦也。且有大觉而后知此其大梦也。而愚者自以为觉，窃窃然[7]知之。君乎！牧乎！固哉丘也！与女皆梦也！予谓女梦，亦梦也。是其言也，其名为吊诡。万世之后，而一遇大圣，知其解者，是旦暮遇之也。

“既即使我与若辩矣，若胜我，我不若胜，若果是也，我果非也邪？我胜若，若不吾胜，我果是也，而果非也邪？其或是也，其或非也邪？其俱是也，其俱非也邪？我与若不能相知也，则人固受其黮暗[8]，吾谁使正之？使同乎若者正之，既与若同矣，恶能正之？使同乎我者正之，既同乎我矣，恶能正之？使异乎我与若者正之，既异乎我与若矣，恶能正之？使同乎我与若者正之，既同乎我与若矣，恶能正之？然则我与若与人俱不能相知也，而待彼也邪？”

“何谓和之以天倪[9]？”曰：“是不是，然不然。是若果是也，则是之异乎不是也亦无辩；然若果然也，则然之异乎不然也亦无辩。化声之相待，若其不相待，和之以天倪，因之以曼衍，所以穷年也。忘年忘义[10]，振于无竟，故寓诸无竟。”

【注释】

① 瞿鹊子、长梧子：《庄子》中的寓言式人物。

② 大：同“太”。

③ 滑涽：滑，乱也；涽，暗的意思。

④ 以隶相尊：把世俗上尊卑看做是一样的。

⑤ 弱丧：自幼流落。

⑥ 丽之姬：丽戎国的美女。

⑦ 窃窃然：察察然，自知的样子。

⑧ 黮（dǎn）暗：暗昧不明。

⑨ 天倪：天然的分际。

⑩ 忘年忘义：忘年，不计岁月；忘义，不讲仁义。

【译文】

瞿鹊子问长梧子：“我听先生孔子说过，圣人不追名逐利，不贪图方便，不避灾祸，不妄求，不拘泥于道，没有说话却像说了，说了话又好像没说，遨游于俗世尘埃之外。可孔子认为这是笼统草率的话，而我却认为这是精妙之道的言行，先生您以为这话如何呢？”

长梧子说：“这话黄帝听了也会疑惑不解，孔丘他怎么能弄清楚？而且你也求之过急，就好像看见鸡蛋就要求它清晨报晓，见到弹丸就要吃烤鸟肉。

“我姑且给你讲讲，你也听听。怎么能做到与日月相依傍，与宇宙一体，把万事万物合为一体，把各种纷争置之不顾，把世俗的尊卑看做一样呢？众人忙碌于是非之争，圣人则好像无知、愚蠢，把千万年间的变化，概括到纯粹而无是无非。万事万物都是如此，而且这样互相蕴含于精纯浑朴之中。

“我怎么知道贪生不是一件糊涂事！我哪里知道怕死的人不像从小流落他乡，长大后又无法回到家乡一样呢！丽姬是艾地的封疆守土之人的女儿。晋国人把她抓走了，当时她哭得泪满衣襟。等她到了晋国的王宫，与晋王同寝，吃着各种美味，却后悔当时的哭泣了。我又怎么知道死了的人不后悔当初的求生呢？

“梦中饮酒作乐的人，早晨可能悲伤哭泣；梦中哭泣的人，早晨起来可能高兴地去打猎游玩。在梦中并不知道是在做梦，有时候梦中还在做梦，醒来才知道自己是在做梦。只有大彻大悟时才知道人生是一场梦，愚笨的人以为自己清醒，沾沾自喜。愚笨的人在喊叫‘高贵的君主啊！卑贱的牧夫啊！’孔丘真是固执得很啊！他和你都是在梦中啊！我说你在梦中，自己也是在做梦。讲的这些奇异诡怪的话，万世之后若能遇到一个圣人，能够弄清这话的真谛。知音难得，这也算是早上说了，晚上就遇到了知己。

“假设我与你辩论，你胜了我，我没有胜你。那么，你真对了，我真的不对吗？假设是我胜了你，你没有胜我，那么，我真的是对的，你真错了吗？或者我们中有人是对的，有人是错的吗？或者我们都对了，还是都错了？这些我和你都无法知道。人本来就受到偏见蒙蔽，找谁作评判呢？让同你观点一致的人来判断，既然与你观点相同，怎能判断？找与我观点一致的人评判，他既与我相同，又怎能评判？找跟你我观点都不一致的人来评判，他既与你我的观点都不同，又怎能评判呢？找跟你我观点都相同的人来评判，既然他已经跟你我都相同了，又怎能评判呢？如果这样，我和你，和别人都不能做出正确的判断，那么又能等谁来判断呢？”

“什么叫顺应自然呢？”长梧子说：“是也是不是，对也是不对，是如果真就是是，这就无须辨别了。对的如果真是对的，也就同样不存在辨别是非对错的问题了。变化的声音是相待而成的，如果要使它们不相对待，就要用自然的分际来调和它，我的言论散漫流行，随物因变而安稳地度过自己的一生。任其自然，就可以忘掉生死、忘掉永恒和短暂，畅游在无是非的境界中，这样就进入了无穷尽的最高境界。”

十一

罔两[①]问景曰：“曩[②]子行，今子止；曩子坐，今子起。何其无特[③]操与？”

景曰：“吾有待而然者邪？吾所待又有待而然者邪？吾待蛇蚹蜩翼邪？恶识所以然？恶识所以不然？”

【注释】

① 罔(wǎng)两:影子之外的虚影。

② 曩(nǎng):从前。

③ 特:独立。

【译文】

罔两问影子说:“刚才你在走,现在却停下来;刚才你坐着,现在却又起来。你怎么没有自己的独立意志呢?”

影子回答说:“我是有所依赖才成为影子的吧?我所依赖的也是又有所依赖才能这样吧?我所依赖的就像蛇依赖于腹下的鳞皮,蝉依赖于翅膀一样吧?我怎么知道我会这样?我又怎么知道我为什么不会这样?”

十二

昔者庄周梦为胡蝶,栩栩然胡蝶也。自喻①适志与,不知周也。俄然觉,则蘧蘧然②周也。不知周之梦为胡蝶与?胡蝶之梦为周与?周与胡蝶,则必有分矣。此之谓物化③。

【注释】

① 喻:晓,觉得。

② 蘧蘧然:僵直的样子。一说悠然自得的样子。

③ 物化:与万物融合为一体。

【译文】

有一天,庄周梦见自己变成了一只蝴蝶,欢畅地飞着。他觉得自己洋洋得意,非常愉快,哪里知道还有什么庄周。一觉醒来,他惊讶地意识到自己仍然是庄周。不知道是庄周做梦化成了蝴蝶呢,还是蝴蝶做梦化成了庄周?庄周与蝴蝶是应该有所区别的。(但我现在不知道谁是庄周,谁是蝴蝶,)这种转变就叫做“物化”。

养 生 主

一

吾生也有涯[①],而知[②]也无涯,以有涯随无涯,殆已[③]! 已而为知者[④],殆而已矣! 为善无近名,为恶无近刑,缘督以为经[⑤],可以保身,可以全生,可以养亲[⑥],可以尽年。

【注释】

① 涯:通"崖",边际、界限的意思。

② 知:心智。

③ 殆已:疲困。

④ 已而为知者:"已而为知"如同说"如此而为知。"

⑤ 缘督以为经:顺乎自然之道。

⑥ 亲:指真君,即精神。

【译文】

我的生命是有极限的,而知识是没极限的,用有极限去追求没有极限,那是非常困难的! 如果这样地去追求知识,那结果只能是徒劳的! 做善事不要指望去获得善的名声,做恶事不遭受刑戮之苦,顺着自然之理去做事,可以保全自身,可以使生命之天性得以保全,可以养护精神,可以享尽天年。

二

庖丁[①]为文惠君解牛,手之所触,肩之所倚,足之所履,膝之所踦[2],砉然[3]响然,奏刀騞然,莫不中音,合于《桑林》[4]之舞,乃中《经首》[5]之会[6]。文惠君曰:"嘻,善哉!技盖至此乎?"

庖丁释刀对曰:"臣之所好者道也,进乎技矣。始臣之解牛之时,所见无非全牛者;三年之后,未尝见全牛也;方今之时,臣以神遇而不以目视,官知止而神欲行。依乎天理[7],批大郤,导大窾,因其固然[8]。枝经肯綮[9]之未尝,而况大軱[10]乎!良庖岁更刀,割也;族庖月更刀,折也。今臣之刀十九年矣,所解数千牛矣,而刀刃若新发于硎。彼节者有间而刀刃者无厚,以无厚入有间,恢恢乎其于游刃必有余地矣。是以十九年而刀刃若新发于硎。虽然,每至于族,吾见其难为,怵然为戒,视为止[11],行为迟,动刀甚微,謋然已解,如土委地。提刀而立,为之四顾,为之踌躇满志,善刀[12]而藏之。"

文惠君曰:"善哉!吾闻庖丁之言,得养生焉。"

【注释】

① 庖丁:掌厨丁役之人。

② 踦(yǐ):通"倚"。

③ 砉(huā)然:骨肉相离的声音。

④《桑林》:殷汤乐名。

⑤《经首》:尧乐,咸池乐章名。

⑥ 会:韵律,节奏。

⑦ 天理:自然的纹理。

⑧ 因其固然:顺着牛的自然结构。

⑨ 綮:盘结处。

⑩ 軱:大骨。

⑪ 视为止:眼神专注。

⑫ 善刀:擦拭刀。

【译文】

庖丁为梁惠王分解牛体时,他的手所接触的地方,肩所倚靠的地方,脚所踩的地方,膝所顶的地方,都发出嚯嚯然的响声。每次进刀时所发出的嚯嚯之声,没有一个声音不合乎音乐的节奏。那动作合乎《桑林》舞曲的节拍，那响声合乎《经首》乐曲的旋律。梁惠王说：“哎呀，好极了！技术精湛到了这种地步吗？”

庖丁放下刀回答道：“为臣我所喜欢的是道，已经超过技艺了。开始为臣分解牛体的时候，所看到的无一不是完整的牛。三年之后，臣下就再也没有看到完整的牛了。当今之时，为臣以意识看牛而不用眼睛看牛，器官知道停止而意识却仍要继续进行。依顺于自然之理，劈开筋肉之间的缝隙，导入骨节的间隙，顺其自然固有的结构进行分解，刀所经过的筋骨之处未曾遇到任何微小的障碍，更何况大骨头呢！优秀的厨师一年换一次刀，那是因为他是用刀去割牛体；一般的厨师一个月换一次刀，那是因为他用刀去硬砍牛体。如今为臣的刀用了十九年了，分解的牛也有数千头了，而刀刃还像刚刚在磨刀石上磨过一样。牛节骨是有间隙的，而刀刃却薄得如同没有厚度；以没有厚度的刀刃入有余地的关节，宽宽绰绰刀刃活动必定是很有余地的了。因此刀用了十九年而刀刃像刚从磨刀石上磨过的一样。虽然如此，每当遇到筋骨交错之处，我还是谨小慎微，神情专注，行动小心。刀子轻轻一动，牛体忽地一下就分解了，如同泥土堆在地上一样。此时，我提刀而立，四处环顾，为此而志得意满，收拾好刀而收藏起来。”

梁惠王道：“好啊！我听了庖丁的这番话，得到养生之道了。”

三

公文轩[①]见右师而惊曰：“是何人也？恶乎介[②]也？天与？其人与[③]？”曰[④]：“天也，非人也。天之生是使独也，人之貌有与也[⑤]，以是知其天也，非人也。”

【注释】

① 公文轩：姓公文，名轩，宋人。

② 介：指一足。

③ 天与？其人与：天生下来就这样呢？还是由于人为造成的呢？

④ 曰：指公文轩自答。

⑤ 人之貌有与也：人的形貌是天所赋予的。

【译文】

公文轩见到右师惊讶道："这是什么人呀？为什么只有一只脚呢？是天生的呢？还人为的呢？"公文轩自语道："是天生的，不是人为的。天生下来就只有一只脚，人的形貌就是上天给的。所以我知道是天给的，而不是人为的。"

四

泽雉[①]十步一啄，百步一饮，不蕲[②]畜乎樊中。神虽王[③]，不善[④]也。

【注释】

① 泽雉：水泽湿地里的野鸡。

② 蕲（qí）：索，求。

③ 王：通"旺"，旺盛。

④ 不善：不乐；不能自遂。

【译文】

草泽里的野鸡十步才能找到食物，百步之外才能喝到水，但它仍不愿被关养在笼子里。关在笼子里神态虽然旺盛，但却不自由自在。

五

老聃[①]死，秦失[②]吊之，三号而出。

弟子曰："非夫子之友邪？"

曰："然。"

"然则吊焉若此可乎？"

曰："然。始也吾以为其人也，而今非也。向吾入而吊焉，有老者哭之，如哭其子；少者哭之，如哭其母。彼其所以会[③]之，必有不蕲言而言，不蕲哭而哭者[④]。是遁天倍情[⑤]，忘其所受，古者谓之遁天之刑。适来，夫子时也；适去，夫子顺也。安时而处顺，哀乐不能入也，古者谓是帝之县解[⑥]。”

指穷于为薪[⑦]，火传也，不知其尽也。

【注释】

① 老聃：即老子。

② 秦失：老聃的朋友。

③ 会：感会。

④ 必有不蕲言而言，不蕲蕲而哭者：如同说不能不言，不能不哭。

⑤ 循天倍情：遁天，逃避自然；倍情，增益人情。

⑥ 帝之县解：自然的解除倒悬。

⑦ 指穷于为薪：烛薪的燃烧是有穷尽的。

【译文】

老子死了，秦失去吊唁，大哭三声就出来了。

他的弟子问他道：“老子不是你的朋友吗？”

秦失回答道：“是的。”

他的弟子道：“那么，你这样吊唁朋友对路吗？”

秦失道：“对路。当初，我认为他是一个十分高尚的完人，现在我不这样认为了。方才我进去吊唁时，看见有年老者哭他，就像哭自己的孩子；年少的人哭他，如同哭自己的母亲。年老年少的人这样悲伤，肯定是由于（感情执着）不一定非要哭而人们却去哭。因此，这是违背自然之理和事物的实情的，忘记了人生的长短取决于自然，古时的人认为这是逃避自然的刑法。该他来时，老子应运而生；该他去时，顺天而死。安于时势而顺乎自然，哀伤与欢快的心情就不会侵扰于心，古时的人把这叫做自然地解除倒悬之苦。”

烛与柴的燃烧是有穷尽的，火的传递却是没有穷尽的。

人间世

一

颜回见仲尼，请行。

曰："奚之？"

曰："将之卫。"

曰："奚为焉？"

曰："回闻卫君，其年壮，其行独。轻用其国，而不见其过。轻用民死，死者以国量[1]乎泽若蕉[2]，民其无如[3]矣！回尝闻之夫子曰：'治国去之，乱国就之，医门多疾。'愿以所闻思其则，庶几[4]其国有瘳[5]乎！"

仲尼曰："嘻，若[6]殆[7]往而刑耳！夫道不欲杂，杂则多，多则扰，扰则忧，忧而不救。古之至人，先存诸己，而后存诸人。所存于己者未定，何暇至于暴人[8]之所行？

"且若亦知夫德之所荡[9]，而知之所为出乎哉？德荡乎名，知出乎争。名也者，相轧也；知也者，争之器也。二者凶器，非所以尽行也。

"且德厚信矼[10]，未达人气[11]；名闻不争，未达人心。而强以仁义绳墨之言，术暴人之前者，是以人恶有其美也，命之曰菑人。菑人者，人必反菑之，若殆为人菑夫！且苟为悦贤而恶不肖，恶用而求有以异？若唯无诏，王公必将乘人而斗其捷[12]。而目将荧之，而色将平之，口将营之，容将形之，心且成之。是以火救火，以水救水，名之曰益多。顺始无穷。若殆以不信厚言,必死于暴人之前矣!

“且昔者桀杀关龙逢,纣杀王子比干,是皆修其身以下伛拊[13]人之民,以下拂其上者也,故其君因其修以挤之。是好名者也。昔者尧攻丛、枝、胥敖,禹攻有扈。国为虚厉,身为刑戮。其用兵不止,其求实无已,是皆求名实者也,而独不闻之乎?名实者,圣人之所不能胜也,而况若乎!虽然,若必有以[14]也,尝以语我来。”

【注释】

① 量:填满。

② 蕉:草芥。

③ 无如:无往,无处可去。

④ 庶几:差不多。

⑤ 瘳(chōu):病愈。

⑥ 若:你。

⑦ 殆:恐怕。

⑧ 暴人:暴君。这里指卫君。

⑨ 荡:丧失。

⑩ 信矼(qiāng):信誉确实。

⑪ 人气:人的口味。

⑫ 斗其捷:施展他的巧辩。

⑬ 伛(yǔ)拊:曲身抚爱。此指怜爱、爱养。

⑭ 以:原因,办法。

【译文】

颜回拜见孔子,向他辞行。

孔子说:“你到哪里去呢?”

颜回说:“我打算到卫国去。”

孔子问:“去做什么?”

颜回说:“我听说卫国的国君,年轻气盛,做事专断独裁。他轻率地处理国事,却看不见自己的过失。他轻率地役使百姓而不惜百姓的生命,国中的人几乎死光,就像草芥填满于大泽,百姓真是无处可走了!我曾经听先生说过：'国家治理好的就离开它，国家危乱则去救扶，就像医生家的门前有很多的病人。'我想根据先生的教导去实行，也许这个国家还有救吧！"

孔子说："唉，你去了恐怕要遭刑戮啊！修道不宜心杂，心杂就会多事，多事就会自扰，自扰就会招致忧患，忧患降临再自救也来不及了。古时候的圣人，先是充实自己，而后才去帮助别人。如果自己内在空虚，根基不稳，哪有闲暇去纠正暴君的行为呢？

"况且你知道道德所以丧失，智慧所以外露的原因吗？道德的丧失是由于好名，智慧的外露是由于好争。名誉是人们相互倾轧的祸根；智慧是人们相互争斗的工具。这两者都是凶器，不可以作为处世正道行之于世的。

"而且一个人虽然德性纯厚、品性诚实，但未必符合别人的口味；即使不与别人争夺名誉，但未必被他人理解。如果你勉强用仁义法度的言论，在暴君面前陈述，这样将被认为是利用别人的丑恶来显示自己的美德，而扣上'害人'的帽子。害别人的人，别人必定反过来害他，你恐怕要被人害了！如果说卫君真的喜欢贤人而讨厌不肖之徒，何必用你去显示有异于人呢？除非你缄口不言，否则卫君必定钻你的空子而施展他的巧辩，以拒谏饰非。到那时你会眼花目眩，面色将会和顺下来，嘴里只会说些自救的话，卑恭的容色将会显露出来，内心就会屈从于卫君的错误主张了。这就好比用火去救火，用水去救水，可以称为添乱。以顺从开始，以后就会永远顺从下去了。你恐怕虽有忠诚之言也不会被信用，必将死于暴君之前了。

"从前夏桀杀关龙逢，商纣王杀比干，这都是因为他们修身养德，以臣下的身份爱抚人君的民众，以在下的地位违逆了在上的君主的心意，所以君主因为他们好修身养德而排挤他们。这就是好名的结果。过去尧攻打丛、枝和胥敖，禹攻打有扈，国家变成了废墟，百姓成为了厉鬼，国君们也被杀戮。这都是他们用兵不断、贪图实利不止所造成的，这都是求名求利的结果，你就没有听说过吗？对于名利的诱惑，有时连圣人都难以克制，何况你呢！虽然这样，你肯定有你的想法，不妨说给我听听。"

二

颜回曰："端而虚，勉而一，则可乎？"

曰："恶！恶可！夫以阳[①]为充[②]孔扬，采色[③]不定，常人之所不违，因案[④]人之所感，以求容与其心。名之曰日渐之德[⑤]不成，而况大德乎！将执而不化，外合而内不訾[⑥]，其庸讵可乎！"

"然则我内直而外曲，成而上比[⑦]。内直者，与天为徒。与天为徒者，知天子之与己，皆天之所子，而独以己言蕲乎而人善之，蕲乎而人不善之邪？若然者，人谓之童子，是之谓与天为徒。外曲者，与人为徒也。擎跽[⑧]曲拳，人臣之礼也。人皆为之，吾敢不为邪？为人之所为者，人亦无疵焉，是之谓与人为徒。成而上比者，与古为徒。其言虽教，谪[⑨]之实也，古之有也，非吾有也。若然者，虽直而不病，是之谓与古为徒。若是则可乎？"

仲尼曰："恶！恶可！大多政法[⑩]而不谍[⑪]。虽固[⑫]，亦无罪。虽然，止是耳矣，夫胡可以及化！犹师心[⑬]者也。"

【注释】

① 阳：骄盛之气。

② 充：满。

③ 采色：神采气色。这里指喜怒变化的表情。

④ 案：压抑。

⑤ 日渐之德：指小德。

⑥ 訾(zī)：资取，采纳。

⑦ 成而上比：谓引用成说而上比于古人。

⑧ 跽(jì)：跪拜。

⑨ 谪(zhé)：指责。

⑩ 大多政法：大，读作"太"；政法，正人之法；政，通"正"。

⑪ 谍：妥当。

⑫ 固：固陋，不圆通。

⑬ 师心：师法自己的成心。

【译文】

颜回说："我外表端正而内心谦虚，做事勤勉而心态专一，这样可以吗？"

孔子说："唉！这怎么可以呢！卫君骄横之气充溢张扬，喜怒之情无常，平常人都不敢违逆他，因而他压制世人对他的进谏，来求得自己心里的畅快。这种人每天用小德渐渐感化他尚且不成，何况用大德来规劝呢！他必然会固执己见，即使表面附和而内心也不会接纳，你的做法怎么行得通呢？"

颜回说："那么我内心诚直而外表恭顺，援引成说而上比于古人。所谓内心诚直，就是与自然同类。与自然同类，便知道天子与我自己，都是天生的，这样，我哪里会期望别人称赞自己所讲的话为善，又哪里会期望别人指责为不善呢？像这样做法，世人就会称我是不失赤子之心的孩童，这就叫做与自然同类。所谓外表恭顺，就是与一般人一样。执笏跪拜，鞠躬行礼，这是做人臣的礼节。世人都这样做，我敢不这样做吗？做大家都做的事，别人也不会指责我了，这就叫做与世人同类。所谓援引成说而上比于古人，这是与古人同类。所说的虽是古人的教诲，其实是指责人君的过失，这种做法自古就有，并非是我的创造。像这样，虽然言语直率了一些，却也不会招来灾祸，这就叫做与古人同类。这样做可以吗？"

孔子说："唉！怎么可以呢！纠正人君的方法也太多了，又不太妥当。这些方法虽然浅陋，倒也不会获罪于卫君。然而，只不过如此而已，怎么能够感化他呢！这还是师法自己的成心啊。"

三

颜回曰："吾无以进矣，敢问其方。"

仲尼曰："斋，吾将语若[①]。有心而为之，其易邪？易之者，皞天[②]不宜。"

颜回曰："回之家贫，唯不饮酒不茹荤者数月矣。如此，则可以为斋乎？"

曰："是祭祀之斋，非心斋也。"

回曰："敢问心斋。"

仲尼曰："若一志[3]，无听之以耳，而听之以心；无听之以心，而听之以气。耳止于听，心止于符[4]。气也者，虚而待物者也。唯道集虚[5]。虚者，心斋也。"

颜回曰："回之未始得使[6]，实有回也；得使之也，未始有回也，可谓虚乎？"

夫子曰："尽矣！吾语若：若能入游其樊，而无感其名，入则鸣，不入则止。无门无毒[7]，一宅[8]而寓于不得已[9]，则几矣。

"绝迹易，无行地难。为人使易以伪，为天使难以伪。闻以有翼飞者矣，未闻以无翼飞者也；闻以有知知者矣，未闻以无知知者也。瞻彼阕者，虚室生白，吉祥止止。夫且不止，是之谓坐驰。夫徇耳目内通，而外于心知，鬼神将来舍，而况人乎！是万物之化也，禹、舜之所纽也，伏羲、几蘧之所行终，而况散焉者[10]乎！"

【注释】

① 语若：告诉你。若，你。

② 暤天：自然。

③ 若一志：专一你的心志。

④ 符：合。

⑤ 虚：指空明的一尘不染的心境。

⑥ 得使：得到教诲。

⑦ 无门无毒：谓不走门路去营求。毒，假借为"窦"，与"门"同义。

⑧ 一宅：即"宅一"，安心于一。

⑨ 寓于不得已：即"不得已而为之"之意。释德清说："寓意于不得而应之，切不可有心强为。"

⑩ 散焉者：疏散之人，指众人。

【译文】

颜回说："我没有别的办法了，请问先生的高见。"

孔子说："你先斋戒，我再告诉你。你有心感化卫君，岂是易事？如果认为这样做容易，便与自然之理不相符了。”

颜回说：“我家贫穷，不饮酒、不吃肉食已经有好几个月了。这样做可以称为斋戒吗？”

孔子说：“这是祭祀中要求的斋戒，不是心斋。”

颜回说：“请问什么是心斋？”

孔子说：“专一你的心志，不要用耳去听，而要用心感悟；不仅要用心感悟，还要用气息去体味。耳的作用只是听取外物，心的作用只是符合外物。‘气’这个东西，才是能够以虚明无形之体来容纳万事万物。只有达到空明的虚境才能容纳道的聚集。这空明的虚境就是心斋的境界了。”

颜回说：“在我不曾听到‘心斋’教诲的时候，确确实实感到我的存在；在得到‘心斋’教诲之后，不曾再有我的感觉，这样可以算是空明的虚境吗？”

孔子说：“心斋的道理已尽于此！我可以告诉你了：你进入卫国境内去游说，不要为虚名而动心，人家能听进去的话就说，人家听不进去的话就闭口。不寻找门路去营求，心灵专一，了无二念，待人处事一切都不得已而为之，这就差不多了。

“人不走路是很容易做到的，但是要走路而不留下痕迹就很难了。为人的欲望所驱使就容易作伪，顺其自然而行就难以作伪。只知道有了翅膀才能飞翔，却不知道有不用翅膀而飞翔的；只知道用心智去获取知识，却不知道还有不用心智而获取知识的。观照那个空虚的境界，静寂的心室就会发出纯白的亮光，吉祥就会汇集于虚寂空明之心。如果心境不能虚寂空明，这就叫做形坐而心驰。抛弃耳目的视听，让虚寂空明之心返听内视，而排除动用一切外在的心机，这样连鬼神都要依附，何况是人呢！这样万物都可以感化，这正是禹、舜处世的关键，也是伏羲、几蘧始终不移的行为准则，何况平庸之辈呢！”

四

叶公子高将使于齐，问于仲尼曰：“王使诸梁也甚重[①]，齐之待使者，盖将甚敬而不争。匹夫犹未可动[②]，而况诸侯乎！吾甚栗之。

子常语诸梁也曰：‘凡事若小若大，寡不道以欢成[3]。事若不成，则必有人道之患[4]；事若成，则必有阴阳之患[5]。若成若不成而后无患者，唯有德者能之。’吾食也执粗而不臧[6]，爨[7]无欲清[8]之人。今吾朝受命而夕饮冰，我其内热与！吾未至乎事之情[9]而既有阴阳之患矣！事若不成，必有人道之患。是两[10]也，为人臣者不足以任之，子其有以语我来！”

【注释】

① 甚重：指极重要的使命。

② 动：感化。

③ 欢成：欢然成功。

④ 人道之患：指国君的惩处。

⑤ 阴阳之患：指阴阳失调而造成的疾病。

⑥ 臧：善。

⑦ 爨（cuàn）：烧火做饭。此指烧火之人。

⑧ 清：清凉。

⑨ 情：实，成。

⑩ 两：指内外两方面的祸端。

【译文】

叶公子高将要出使齐国，去向孔子请教说：“楚王交给我极为重大的使命，而齐国对待外国使者总是表面特别恭敬而实际上推托怠慢。一般人尚且不容易感化，何况是诸侯国君呢！我很是害怕。您常教导我说：‘凡事不分大小，很少有不靠道术而能痛快成功的。事情如果办不成，那么就必定受到人君的惩罚；事情如果能够办成，那么就要在阴阳失调的状况下招来疾患。不论事情成功与否都不会遭到祸患的，只有大德之人才能做到。’我的饮食粗淡，不求精美，很少用火，所以家里烧火做饭的不会因热而思求清凉。如今我早晨接受使命出使，而晚上就焦躁要喝冰水，我大概得了内热之病了吧！我还没有出使办事就因喜惧交加、阴阳失调而患上病了！将来事情若办不成，必遭人君的惩罚。这国君惩罚和阴阳失错的祸害，做人臣的实在无法承受，先生有什么避灾之法可以教导我吗？”

五

仲尼曰："天下有大戒二：其一命[①]也，其一义[②]也。子之爱亲，命也，不可解于心；臣之事君，义也，无适而非君也，无所逃于天地之间。是之谓大戒。是以夫事其亲者，不择地而安之，孝之至也；夫事其君者，不择事而安之，忠之盛也；自事其心者，哀乐不易施[③]乎前，知其不可奈何而安之若命，德之至也。为人臣子者，固有所不得已。行事之情而忘其身，何暇至于悦生而恶死！夫子其行可矣！

"丘请复以所闻：凡交，近则必相靡[④]以信[⑤]，远则必忠之以言。言必或[⑥]传之。夫传两喜两怒之言，天下之难者也。夫两喜必多溢美之言，两怒必多溢恶之言。凡溢之类妄，妄则其信之也莫[⑦]，莫则传言者殃。故法言曰：'传其常情，无传其溢言，则几乎全。'

"且以巧斗力者，始乎阳，常卒乎阴，大至则多奇巧；以礼饮酒者，始乎治，常卒乎乱，大至则多奇乐[⑧]。凡事亦然，始乎谅，常卒乎鄙；其作始也简，其将毕也必巨。

"夫言者，风波也；行者，实丧也。风波易以动，实丧易以危。故忿设无由，巧言偏辞。兽死不择音，气息茀然，于是并生心厉[⑨]。克核大至，则必有不肖之心应之，而不知其然也。苟为不知其然也，孰知其所终！故法言曰：'无迁令，无劝成。过度，益也。'迁令劝成殆事。美成在久，恶成不及改，可不慎与！且夫乘物以游心，托不得已以养中，至矣。何作为报也？莫若为致命[⑩]，此其难者。"

【注释】

① 命：天性，指受之于自然的性分。

② 义：道义，指人应尽的社会责任。

③ 易施：改变，转移。施，移动，改易。

④ 靡：顺。

⑤ 信:信用。

⑥ 或:有人。

⑦ 莫:不,无。

⑧ 奇乐:谓荒淫无度。

⑨ 心厉:恶心,狼戾之心。

⑩ 致命:传达君命。

【译文】

孔子说:“天下有两个足以为戒的法则:一个是禀受于自然的性分,一个是做人的道义。儿女敬爱父母,这就是自然的天性,是系结于心而难以解除;臣子侍奉国君,这就是臣子应尽的职责,无论哪里都不会没有君主,所以普天之下这是无法逃避的。这就是所谓的足以为戒的法则。所以儿女奉养双亲,无论生活在什么环境下,都要使他们安适,这就是最大的孝心了;臣子侍奉君主,无论做什么事情,都要顺从君主的旨意,这就是最大的忠心了;自己修养心性,无论是哀是乐都不会改变原来的心境,知道某些事情的发展无法预料而仍然安心去做,这就是道德修养的最高境界了。一个做臣子的,本来就有不得已而做的事情。只要按实情去办,置自身于不顾,哪里会产生贪生怕死的念头呢?你这样去做就可以了。

“我还要把我听到的告诉你:大凡国与国相交往,邻近的国家要以信用求得安顺,远方的国家要通过信守诺言来安和。这语言必须有人来传达。而传达两国国君的喜怒之言,是天下最难做好的事情。两国国君喜悦时的言辞必然多有溢美之词;两国国君愤怒时的言辞,必然多有溢恶之辞。凡是过分的超出实际的言辞都是不真实的,不真实的东西就没有诚信可言,不诚信的传言就会让使者遭殃。所以格言说:‘要传达真实不妄之言,不要传达过分不实之言,那么就差不多能够保全自己了。’

“比如以巧力相斗的人,开始是明来明去,到最后往往是搞些阴谋,太过分时就诡计多端了;那些讲究礼节饮酒的人,开始时还是规规矩矩的,往往到最后时就会迷乱,太过分时就会放荡不羁了。什么事情都是这样,开始时彼此互谅互让,到最后时就往往互相欺诈了;许多事情开始做时都比较单纯,等到将要完毕时就变得非常艰巨,难以收拾。

“言语这东西,就像捉摸不透的风波;而传达言语的人,自然会有失实的地方。风波很容易兴作,失实很容易陷入危境。所以愤怒的发作往往没有别的原因，只是由于花言巧语和片面之词造成的。兽被逼于死地，会怪声吼叫，怒气勃然而发，于是便会产生伤人的恶念。做事太苛刻太过分，必然让人心生恶念来报复，而他自己还不知道其中的原因。假如自己做的事都不知道怎么回事，那谁会知道他终将遭到什么样的下场呢！所以格言说：'不要改变所要传达的指令，不要勉强把事情办成。超过正常的尺度，就是犯了夸大失实的错误。'改变指令，强求成功，都会把事情办坏。好事的成就需要很久的时间，而坏事一旦出现再改过也来不及了，这可以不慎重吗！顺应万物，悠游自适，托身于自然，不得已而应之，以此修养中虚之道，可谓是最好的选择了。何必为了报答君命而有意去做呢？不如如实地传达君命罢了，这样做已经是很不容易了。"

六

颜阖将傅[①]卫灵公太子，而问于蘧伯玉曰："有人于此，其德天杀[②]。与之为无方[③]，则危吾国；与之为有方，则危吾身。其知适足以知人之过，而不知其所以过。若然者，吾奈之何？"

蘧伯玉曰："善哉问乎！戒之，慎之，正女身也哉！形莫若就，心莫若和。虽然，之[④]二者有患。就不欲入[⑤]，和不欲出[⑥]。形就而入，且为颠为灭，为崩[⑦]为蹶；心和而出，且为声为名，为妖为孽[⑧]。彼且为婴儿，亦与之为婴儿；彼且为无町畦[⑨]，亦与之为无町畦；彼且为无崖[⑩]，亦与之为无崖；达之，入于无疵。

"汝不知夫螳螂乎？怒[⑪]其臂以当[⑫]车辙，不知其不胜任也，是[⑬]其才之美者也。戒之，慎之，积伐而美者以犯之，几矣！

"汝不知夫养虎者乎？不敢以生物与之，为其杀之之怒也；不敢以全物与之，为其决之之怒也。时其饥饱，达其怒心。虎之与人异类，而媚养己者，顺也；故其杀者，逆也。

"夫爱马者，以筐盛矢，以蜄盛溺。适有蚊虻仆缘，而拊之不时[⑭]，则缺衔、毁首、碎胸。意有所至，而爱有所亡，可不慎邪！"

【注释】

① 傅：师傅，老师。这里作动词用。

② 天杀：天性刻薄，天性凶残。

③ 方：方圆，规矩，法度。

④ 之：此，指形就、心和。

⑤ 入：陷入，苟同。

⑥ 出：显露，显示。

⑦ 崩：垮。

⑧ 为妖为孽：招致灾祸。孽，灾。

⑨ 町畦(tǐngqí)：田界。

⑩ 无崖：无边际，指放荡不拘。

⑪ 怒：奋起。

⑫ 当：阻挡。

⑬ 是：作动词，自恃的意思。

⑭ 拊之不时：拊，拍打；不时，不及时。

【译文】

颜阖将要去做卫灵公太子的师傅，便去请教蘧伯玉说："现在有一个人，他的天性凶残。如果不用法度去劝导他，势必要危害国家；如果用法度去规劝他，势必要危害到我自己。他的智力刚够得上知道别人的过错，却不知别人为什么犯这样的过错。像这种情况，我该怎么办呢？"

蘧伯玉说："你问得很好！要警惕啊，要谨慎啊，要端正你的行为！外表不如表现将就顺从的样子，内心不如抱着调剂的态度。虽然如此，这两者仍免不了有灾患。外表将就随顺他而不能过分陷入，内心调剂诱导他而不能有所显露。外表过分将就顺从他，难免招来堕落、毁灭、垮台和失败；内心调剂诱导他太显露，就会招致声名之祸、妖孽之灾。他如果像婴儿那样天真无知，你也姑且和他一样像婴儿那样天真无知；他如果没有界限的约束，你姑且也像他一样没有界限的约束；他如果放荡不羁，你姑且也像他一样放荡不羁；这样委婉地引导他，使他渐渐地达到无过失的境地。

"你不知道那螳螂吗？奋力举起双臂去阻挡车轮，却不知道自己的力量根本就不胜任，这是因为它把自己的才能看得太了不起的缘故。要警戒啊，要谨慎啊，经常夸耀自己的才能去触犯他，这就危险了。

"你不知道那养虎的人吗？不敢用活着的动物喂养老虎，怕虎在搏杀活物时引发它凶残的天性；也不敢把整个小动物丢给它，因为怕它在撕裂过程中激起它残忍的天性。伺候着它的饥饱来喂食，疏导它的喜怒之情。虎与人不同类别，而虎却喜欢喂养它的人，这是因为人们随顺了虎的性子；虎所以伤害人，那都是人们违逆了虎的性情的缘故。

“有那爱马的人，用精美的竹筐盛马粪，用珍贵的大蛤壳接马尿。一旦有蚊虻叮咬在马身上，那爱马的人如若拍打不及时，马就会怒气冲天，咬断勒口，挣断辔头，损坏胸络。本意在于爱马而结果却适得其反，这可以不谨慎吗？”

七

匠石之齐，至于曲辕，见栎社树[①]。其大蔽数千牛，絜[②]之百围，其高临山十仞而后有枝，其可以为舟者旁十数。观者如市，匠伯不顾，遂行不辍。弟子厌观[③]之，走及匠石，曰：“自吾执斧斤以随夫子，未尝见材如此其美也。先生不肯视，行不辍，何邪？”

曰：“已矣，勿言之矣！散木也。以为舟则沉，以为棺椁则速腐，以为器则速毁，以为门户则液樠[④]，以为柱则蠹，是不材之木也。无所可用，故能若是之寿。”

匠石归，栎社见梦曰：“女将恶乎比予哉？若将比予于文木邪？夫柤[⑤]梨橘柚果蓏之属，实熟则剥，剥则辱。大枝折，小枝泄[⑥]。此以其能苦其生者也。故不终其天年而中道夭，自掊击于世俗者也。物莫不若是。且予求无所可用久矣！几死，乃今得之，为予大用。使予也而有用，且得有此大也邪？且也，若与予也皆物也，奈何哉其相[⑦]物也？而几死之散人，又恶知散木！”

匠石觉而诊[⑧]其梦。弟子曰：“趣[⑨]取无用，则为社何邪？”

曰：“密[⑩]！若无言！彼亦直寄焉！以为不知己者诟厉[⑪]也。不为社者，且几有翦乎！且也，彼其所保与众异，而以义喻[⑫]之，不亦远乎？”

【注释】

① 栎社树:把栎树当做社神。

② 絜(xié):用绳子度量粗细。

③ 厌观:饱看,看个够。

④ 液樠(mán):脂液溶出。

⑤ 柤:山楂。

⑥ 泄:牵扯。

⑦ 相:视。

⑧ 诊:通“畛”,告。

⑨ 趣:志趣,志向。

⑩ 密:闭,闭嘴。

⑪ 诟厉:辱骂。

⑫ 义喻:用常理来衡量。

【译文】

有位姓石的木工前往齐国,到了曲辕,看见一棵长在祭社之所的栎树。这棵树大到可以给几千头牛来遮阴,用绳子一量足有一百多围,树身高出山头八丈以上才长出枝条,其中可以造船的旁枝就有十来枝。观看的人就像赶集一样众多,然而这位木工不屑一顾,照样往前走个不停。他的弟子们在树边饱看一番,这才赶上木工,问道;“自从我们拿起斧头跟随先生以来,还没有见过这么好的木材。先生不肯看一眼,走个不停,这是为什么呢?”

木工说:“算了,不要再说下去了!那是无用的散木。用它来造船,船就很快会沉没;用它来做棺材,棺材很快会腐烂;用它来做器具,器具很快会毁坏;用它来做门户,门户就会渗出脂浆;用它来做柱子,柱子就会生出蛀虫,这是一棵没有任何材料价值的树木。正是它的没有任何作用,所以才能有这么长久的寿命。”

木工回来后,社神栎树托梦说:“你要用什么来和我相比呢?你要用质地细密的树和我相比吗?那山楂树、梨树、橘树、柚子树以及瓜果之类,果实熟了就要遭受击打,被击打就落个扭折。大枝被折断,小枝被扯下来。这都是由于它的才能害苦了自己的一生。所以不能享尽天年而中途夭折，这都是自己招来世俗人们的打击。万物莫非不是这个道理。况且我寻求无所可用的境地已经很久了！几乎遭到砍杀，到现在才幸而保全，这正是我的大用。假使我对人确实有用，我还能长得如此高大吗？况且，你与我都是天地间的物，为什么你把我视为散木这东西呢？你这将要死的散人，又怎能了解这无用之用的散木呢！”

木工醒后把梦告诉了弟子。弟子说：“它的志趣既然是寻求无用，为什么还要充当社树呢？”

木工说：“闭上嘴！别说话。它只是特意借社神寄托形体罢了！这才致使那些不了解真相的人辱骂它。如果不充当社树的话，几乎早就遭到剪伐之害了。况且，它的自我保全的方法与众不同，你从常理上去评论它，不是相差太远了吗？”

八

南伯子綦游乎商之丘，见大木焉，有异，结驷千乘，将隐芘其所藾[①]。子綦曰：“此何木也哉！此必有异材夫！”仰而视其细枝，则拳曲而不可以为栋梁；俯而视其大根，则轴解而不可以为棺椁；咶其叶，则口烂而为伤；嗅之，则使人狂酲[②]三日而不已。

子綦曰：“此果不材之木也，以至于此其大也。嗟乎，神人以此不材。”

宋有荆氏者，宜楸[③]柏桑。其拱把而上者，求狙猴[④]之杙[⑤]者斩之；三围四围，求高名之丽[⑥]者斩之；七围八围，贵人富商之家求椫傍[⑦]者斩之。故未终其天年而中道之夭于斧斤，此材之患也。故解[⑧]之以牛之白颡[⑨]者，与豚之亢鼻者，与人有痔病者，不可以适河[⑩]。此皆巫祝以知之矣，所以为不祥也。此乃神人之所以为大祥也。

【注释】

① 藾(lài)：荫。

② 狂酲(chéng)：酒醉如狂人。

③ 楸(qiū):落叶乔木,木质细密坚实。

④ 狙猴:猕猴。

⑤ 杙(yì):小木桩。

⑥ 高名之丽:荣显高大之屋。名,显。

⑦ 椫(shàn)傍:由整块板做成的棺材。

⑧ 解:禳除,即通过向神祈祷、祭祀以解除灾祸。

⑨ 颡(sǎng):额。

⑩ 适河:把人或牲畜投入河中祭神。

【译文】

南伯子綦在商丘游玩,看见一棵大树,它的茂盛异乎寻常,就是集结千辆的车马停在树下,也能被枝叶所荫蔽。子綦自语说:"这是什么树啊!它必定有异乎寻常的材质吧!"仰起头看了看它的细枝,却只见弯弯曲曲的,不可以做栋梁;低下头去看了看它的粗干,却见轴心出现裂纹而不能制作棺材;舔舔它的叶子,嘴就溃烂而受到伤害;闻一闻它的气味,就使人烂醉如泥,三天都醒不过来。

子綦又叹道:"这果然是不成材的树木,所以才能长得如此高大茂盛。唉,神人也是用不材的面目来显示世人的。"

宋国荆氏那个地方,适宜种植楸、柏之类的质地细密的树木。当它长到一二把粗的时候,想用它来做拴猕猴的木桩的人便砍了去;当它长到三四围粗的时候,想用它来建华丽豪宅的人便砍了去;当它长到七八围粗的时候,高官富商之家想用它做独板棺材的人便砍了去。所以那些树木不能享尽自然赋予的寿命而中途夭折于斧头之下,这就是有用之材招来的祸患。古人在禳除祭祀的时候,凡是白额的牛和翘鼻子的猪,以及生了痔疮的人,都不可以用来祭祀河神。这些都是巫祝所知道的,认为那些情况都是不祥的。但这正是神人因它可以保身所以认为是最大的吉祥。

九

支离疏者,颐隐于脐,肩高于顶,会撮[①]指天,五管[②]在上,两髀为胁。挫针治繲,足以糊口;鼓筴播精[③],足以食十人。上征武士,则支离攘臂[4]而游于其间；上有大役，则支离以有常疾不受功[5]；上与病者粟，则受三钟[6]与十束[7]薪。夫支离其形者，犹足以养其身，终其天年，又况支离其德者乎！

【注释】

① 会撮：发髻。

② 五管：五脏的穴位。

③ 播精：用簸箕扬弃米糠而得精米。

④ 攘臂：捋起袖子，伸出胳膊。形容支离疏因残疾而不忧被征兵的神气。

⑤ 功：当差。

⑥ 钟：六斛四斗为一钟。

⑦ 束：捆。

【译文】

有一个形体不全叫支离疏的人，他的面颊缩在肚脐下，肩膀高过头顶，脑后的发髻朝天，脊背间五脏的穴位向上，两条大腿和胸旁肋骨贴在一起。他给人家缝衣洗衣，足够过活；他给人家簸糠筛米，足够养活十口人。国家征兵时，支离疏却敢捋袖挥臂游于闹市；国家有徭役征夫时，他因为残疾而免除服役；国家救济贫病时，他可以领到三钟米和十捆柴。像形体残缺不全的人，尚且能够养活自身，享尽天年，更何况那忘掉世俗德行的人呢！

十

孔子适楚，楚狂接舆[1]游其门曰："凤兮[2]凤兮，何如德之衰也？来世不可待，往世不可追也。天下有道，圣人成焉；天下无道，圣人生[3]焉。方今之时，仅免刑焉！福轻乎羽，莫之知载；祸重乎地，莫之知避。已乎，已乎！临人以德。殆乎，殆乎！画地而趋。迷阳[4]迷阳，无伤吾行。郤曲[5]郤曲，无伤吾足。"

山木，自寇也；膏火，自煎也。桂可食[6]，故伐之；漆可用，故割之。人皆知有用之用,而莫知无用之用也。

【注释】

① 楚狂接舆:楚国的一位隐士,姓陆,名通,字接舆。

② 凤兮:用凤鸟来讽喻孔子。

③ 生:促使生命。

④ 迷阳:一种多刺的草,即荆棘。

⑤ 郤曲:即刺榆,一种带刺的小树,散生于原野。

⑥ 桂可食:桂树的皮与肉气味芳香,可供调味。

【译文】

孔子到楚国去,楚国狂人接舆走到孔子住所门前,唱道:“凤啊,凤啊,你的德行何以变得这样衰微了呢?来世是不可期待的,往世是不可追回的。天下有道,圣人可以成就大业;天下无道,圣人只能保全生命。当今这个时代,仅能免于刑戮!幸福比羽毛还要轻,却不知道珍惜;灾祸比大地还要重,却不知道躲避。罢了,罢了!别在人的面前炫耀自己。危险啊,危险啊!莫要画地为牢让人盲目钻进去。荆棘啊荆棘,不要伤害我的行路。刺榆啊刺榆,不要伤害我的脚。”

山上的树木是因为有用而招来的砍伐;油脂可燃是自己招来的煎熬。桂树由于可以食用,所以遭砍伐之祸;漆树由于可以做涂料,所以遭人割取。世人都知道有用的用途,却不知道无用的用途。

德充符

一

鲁有兀[①]者王骀，从之游者与仲尼相若。常季问于仲尼曰："王骀，兀者也，从之游者与夫子中分鲁。立不教，坐不议，虚而往，实而归。固有不言之教，无形而心成[②]者邪？是何人也？"

仲尼曰："夫子，圣人也。丘也直后而未往耳！丘将以为师，而况不若丘者乎！奚假[③]鲁国，丘将引天下而与从之。"

常季曰："彼兀者也，而王[④]先生，其与庸[⑤]亦远矣。若然者，其用心也，独若之何？"

仲尼曰："死生亦大矣，而不得与之变；虽天地覆坠，亦将不与之遗；审乎无假而不与物迁，命物之化[⑥]而守其宗[⑦]也。"

常季曰："何谓也？"

仲尼曰："自其异者视之，肝胆楚越也；自其同者视之，万物皆一也。夫若然者，且不知耳目之所宜，而游心乎德之和。物，视其所一而不见其所丧[⑧]，视丧其足犹遗土也。"

常季曰："彼为己，以其知得其心，以其心得其常心。物何为最之哉？"

仲尼曰："人莫鉴于流水而鉴于止水，唯止能止众止[⑨]。受命于地，唯松柏独也正，在冬夏青青；受命于天，唯尧、舜独也正，在万物之首。幸能正生，以正众生。夫保始之征，不惧之实，勇士一人，雄入于九军。将求名而能自要者而犹若是，而况官天地、府万物、直寓六骸、象耳目[⑩]、一知之所知而心未尝死者乎！彼且择日而登假[⑪]，人则从是也。彼且何肯以物为事乎！”

【注释】

① 兀(wù)：断足。

② 无形而心成：潜移默化、不知不觉而成功。

③ 奚假：何止。

④ 王：胜。

⑤ 庸：平常人。

⑥ 命物之化：顺乎万物自然的变化。

⑦ 守其宗：把握事物的关键。

⑧ 物视其所一而不见其所丧：把万物看成一体，就不会感到有什么遗失。

⑨ 唯止能止众止：只有静止的事物，才能制止一切求静止的人。

⑩ 象耳目：把耳目视为迹象。

⑪ 登假：升于高远。

【译文】

鲁国有个断足的人叫王骀，追随他游学的人与孔子的弟子一样多。常季问孔子道：“王骀是一个断了足的人，向他学习的学生与老师您在鲁国的学生各占一半。王骀站立着不授课，坐着不发议论，从他而学的人头脑空空而来，却装满知识而回。难道真的有不言之教和潜移默化之功吗？他是个什么样的人呢？”

孔子道：“王骀是圣哲之人。我也落在后面还没有去请教他！我也想拜他为老师，更何况还不及我的人呢？不止是鲁国，我将引导天下的人都跟从他去学习。”

常季道：“王骀是个断足之人，而能胜过了老师您，那可见他比普通人一定要深远多了。如果是这样，他是如何用心智而有这样的功效呢？”

孔子道：“生死是件大事，但对他却构不成影响；即便是天塌地陷，他也不会随之遭殃；他处于无所待的状态而不受物换星移的外在变化的影响，顺乎自然之变而执守事物的枢纽（遵循客观规律）。”

常季道："这是什么意思呢？"

孔子道："自万物不同的视角去看，肝和胆就如同楚国和越国相距那么远；自万物相同的视角去看，世间万物都是同一的。假如认知了这一点，就不必在意耳朵适合什么声音，眼睛适合什么颜色，而只在意心神遨游于和谐之地。自万物同一的观点去看问题，其结果就是没有什么亏损，从这个意义上去看，断了一足与掉了一小块泥土没有什么区别。"

常季道："王骀当然是修养自己的德性了，但他用自己的心智去认知判别其他人的心智，然后依据此心智得到恒定的心智，他这样做，众人为什么会汇聚追随在他的身边呢？"

孔子道："人不会在流动水面来照自己的，而是在静止的水面照，只有静止之物才能留住众人止步观照。植物从大地获得生命，只有松柏禀受大自然的真气，因而冬夏常青；众人从上天获得生命，只有尧舜独得天之真气，成为万物之首。有幸的是他们正己之生，所以才能正（教诲）众生。能保持本始的特征，才会有无所畏惧之实。那勇敢的武士，会一个人威风地杀入敌人的千军万马之中。战将为求英名而能主动这样去做，更何况掌管天地，统治万物，以六骸为寄所，以耳目为表象，以自己一人所知而通晓一切所应知，而且心中从未有过死亡观念的人呢？如此超越凡俗之境的人，众人当然会追随他的。而他怎么会以吸引众人为能事呢？"

二

申徒嘉，兀者也，而与郑子产同师于伯昏无人。子产谓申徒嘉曰："我先出则子止，子先出则我止。"其明日，又与合堂同席而坐。子产谓申徒嘉曰："我先出则子止，子先出则我止。今我将出，子可以止乎？其[①]未邪？且子见执政而不违[②]，子齐执政乎？"

申徒嘉曰："先生之门，固有执政焉如此哉？子而说子之执政而后人[③]者也。闻之曰：'鉴明则尘垢不止，止则不明也。久与贤人处则无过。'今子之所取大者[④]，先生也，而犹出言若是，不亦过乎？"

子产曰："子既若是矣，犹与尧争善，计子之德，不足以自反邪？"

申徒嘉曰："自状其过，以不当亡者众[⑤]；不状其过，以不当存者寡。知不可奈何而安之若命，唯有德者能之。游于羿之彀中。中央者，中地也；然而不中者，命也。人以其全足笑吾不全足者多矣，我怫然而怒，而适先生之所，则废然而反[6]。不知先生之洗我以善邪，吾之自寤邪！吾与夫子游十九年矣，而未尝知吾兀者也。今子与我游于形骸之内，而子索我于形骸之外，不亦过乎！”

子产蹴然[7]改容更貌曰：“子无乃称[8]！”

【注释】

① 其：抑或。

② 不违：不避。

③ 后人：轻视人。

④ 所取大者：求取最大的东西。取，求；大，指学问德性。

⑤ 自状其过，以不当亡者众：自己辩说过错，以为不该残形的人很多。

⑥ 废然而反：怒气全消。

⑦ 蹴（cù）然：惭愧不安貌。

⑧ 子无乃称：你别再说了。乃，读为“仍”，复，再；称，称述。

【译文】

申徒嘉是个断足的人，与郑子产共同拜师求学于伯昏无人。子产对申徒嘉说：“我先走出去你就停在这，你先走出去我就停在这。”到了次日，二人又合堂同席而坐。子产对申徒嘉道：“我先走出去你就待在这，你先走出去我就待在这。现在我要先走出去了，你是可以停在这呢，还是不能呢？你见了我这执政的大臣却不回避，你把自己看成同我一样的执政大臣吗？”

申徒嘉道：“在老师的门下，难道有这般执政的吗？你自以为自己是执政者就看不起别人吗？我听说：‘镜子明亮就不沾灰尘，沾了灰尘就不明亮。长期与贤人相处就不会有过错。’如今你所最应该求取的是老师的学问德行，可你却出言如此，不是太过分了吗？”

子产道：“你已经是这样了，还要同尧争个高下。你估量一下自己的德行，难道还不足以自我反省吗？”

申徒嘉道："自述己过，那么我认为不该残疾的人多；不辩说自己的过错，我认为不该健全的人很少。知道这是无可奈何的事，因而安然处之，承认这是命运，只有有德行的人才能做到这样。就像进入神射手羿的射程内，又是正当中，那是必然中箭的地方；可如果没被射中，那只能说是命运。人们以自己的双足齐全而嘲笑我这样双足不全的人多了，我对此勃然而怒；然而来到老师这里，怒气全消。不知是老师洗涤了我的心灵，还是我悟出了生命的真谛！我在老师这里求学已经十九年了，但老师从来没感到我是个断足的人。如今你我既为同窗，当以神交于"形骸之内"，而你却在"形骸之外"要求责怪于我，不是太过分了吗？"

子产惭愧得无地自容，立刻改变态度道："你不必再讲了。"

三

鲁有兀者叔山无趾[①]，踵见[②]仲尼。仲尼曰："子不谨，前既犯患若是矣。虽今来，何及矣！"

无趾曰："吾唯不知务而轻用吾身，吾是以亡足。今吾来也，犹有尊足[③]者存，吾是以务全之也。夫天无不覆，地无不载，吾以夫子为天地，安知夫子之犹若是也！"

孔子曰："丘则陋矣！夫子胡不入乎？请讲以所闻。"

无趾出。孔子曰："弟子勉之！夫无趾，兀者也，犹务学以复补前行之恶，而况全德[④]之人乎！"

无趾语老聃曰："孔丘之于至人，其未邪？彼何宾宾以学子为[⑤]？彼且蕲以諔诡幻怪[⑥]之名闻，不知至人之以是为己桎梏邪？"

老聃曰："胡不直使彼以死生为一条[⑦]，以可不可为一贯者，解其桎梏，其可乎？"

无趾曰："天刑之[⑧]，安可解！"

【注释】

① 叔山无趾：虚拟人物名字。

② 踵见：脚跟着地行之而求见。

③ 尊足：谓尊于足，贵于足。

④ 全德：形体健全的人。

⑤ 宾宾以学子为：常常来请教于先生。

⑥ 諔诡幻怪：奇异怪诞。

⑦ 一条：一贯，一样。

⑧ 天刑之：天然刑罚。

【译文】

鲁国有一个断了脚趾的人叫叔山无趾，他用脚跟走路去见孔子，孔子道："你不加小心，先前已经犯这样的错误，现在你虽然来请教，如何来得及呢？"

无趾道："我就是因为不识时务而轻待我的身体，我因此而丧失了脚趾。今天我来请教你，尚且还有比脚趾重要的身躯存在，因此我务必要保全它。天没有覆盖不了的，大地没有不能承载的，我把您当做天和地，怎么会想到您是这样呢？"

孔子道："我孔丘固然是卑陋的！那你何不请入室内呢？讲讲你的高见。"

无趾走后，孔子说道："弟子们，你们要多加努力呀！那位无趾先生是个断脚趾的人，尚且能专心学习弥补以前的过错，更何况你们这些身体健全的人呢！"

无趾对老聃说："孔丘距离至圣之人难道还有差距吗？他为什么频频以学子的身份来求教于您呢？他还想用标新立异的形象闻名天下，他难道不了解至圣的人把名声视作枷锁吗？"

老聃道："你为什么不直截了当地使他认识到死与生是同一的，可与不可是平齐的道理呢？这样可解除他的枷锁，怎么样？"

无趾道："这是上天给他套的枷锁，怎么能解得下来？"

四

鲁哀公问于仲尼曰："卫有恶人[①]焉，曰哀骀它。丈夫与之处者，思而不能去也；妇人见之，请于父母曰‘与为人妻，宁为夫子妾’者，十数而未止也。未尝有闻其唱者也，常和人而已矣。无君人之位以济乎人之死，无聚禄以望[2]人之腹，又以恶骇天下，和而不唱，知不出乎四域，且而雌雄合乎前，是必有异乎人者也。寡人召而观之，果以恶骇天下。与寡人处，不至以月数，而寡人有意乎其为人也；不至乎期年，而寡人信之。国无宰，寡人传国焉。闷然[3]而后应，氾然[4]而若辞。寡人丑乎[5]，卒授之国。无几何也，去寡人而行。寡人恤焉[6]若有亡也，若无与乐是国也。是何人者也？”

仲尼曰：“丘也尝使[7]于楚矣，适见㹠子食于其死母者。少焉眴若[8]，皆弃之而走。不见己焉尔，不得类焉尔。所爱其母者，非爱其形也，爱使其形者也。战而死者，其人之葬也不以翣资；刖者之屦，无为爱之。皆无其本矣。为天子之诸御，不爪翦，不穿耳；取妻者止于外，不得复使。形全犹足以为尔，而况全德之人乎！今哀骀它未言而信，无功而亲，使人授己国，唯恐其不受也，是必才全而德不形[9]者也。”

哀公曰：“何谓才全？”

仲尼曰：“死生、存亡、穷达、贫富、贤与不肖、毁誉、饥渴、寒暑，是事之变，命之行也。日夜相代乎前，而知不能规[9]乎其始者也。故不足以滑和，不可入于灵府。使之和豫通而不失于兑[10]，使日夜无隙而与物为春，是接而生时于心者也。是之谓才全。”

“何谓德不形[11]？”

曰：“平者，水停之盛也。其可以为法也，内保之而外不荡也。德者，成和之修也。德不形者，物不能离也。”

哀公异日以告闵子曰：“始也吾以南面而君天下，执民之纪而忧其死，吾自以为至通[12]矣。今吾闻至人之言，恐吾无其实，轻用吾身而亡其国。吾与孔丘，非君臣也，德友而已矣！”

【注释】

① 恶人：指形貌丑陋的人。

② 望：如月望，饱满。

③ 闷然：无心的样子。

④ 氾然：漫不经心。

⑤ 寡人丑乎：形容鲁哀公感到自愧不如。丑，这里指惭愧。

⑥ 恤焉：忧虑的样子。

⑦ 使：当作游。

⑧ 眴若：惊慌。

⑨ 规：通"窥"。

⑩ 兑：悦。

⑪ 德不形：德不显露。

⑫ 至通：非常通达，指明于治道。

【译文】

鲁哀公问孔子道："卫国有面貌丑陋的人，叫哀骀它。男人们与他相处，思念他而不忍离去；女人们见了他，请求父母'与其嫁给别人做妻，还不如做他的妾好'，这样的女人不下十几名。没听说他提倡过什么观点，而是常常应和别人而已。他没有权位以拯救别人于水火之中，没有钱财俸禄去解决别人的饥饿问题，又因为丑陋而让天下的人惊愕，他应和而不提倡，他的智慧超不出世人之外，但是男人女人都被他吸引，看来他肯定是有超乎常人的地方。我把他招来观察后，果然他丑得让天下的人害怕。他与我相处，还不足一个月，我就非常佩服他的为人了；不到一年，我就很信任他了。正好当时国内没有宰相，我就委任他当宰相。他却淡然无意应承，漫漫然好像有所推辞。我甚感惭愧，终于把宰相的位子交给他。没多久，他离我而去。我感到很惋惜，心中若有所失，好像我在这个国度中已经没有了欢乐。这是个什么样的人呢？"

孔子道："我曾出使到楚国，正好看见一群小猪崽在死母猪的奶头下吃奶，不大一会儿这些猪崽都惊慌地抛弃母猪跑掉了。原因是这时猪崽们发现母猪已经死了，不是活着的母猪了。这些猪崽之所以爱恋母猪，并不是爱恋母猪的形体，而是爱其形体所赋的精神。在战场战死的人，被安葬的时候，用不着棺饰；被砍掉脚的人也不再吝惜鞋子，没有理由再去珍惜。这都是因为没有了根本。做天子的妃嫔宫女，不剪指甲，不戴耳环；娶了妻的男子止宿于外，不能再为指使。形体完全尚且如此，何况德性完全的人呢？如今哀骀它未发言而得到信任，未建功而得人亲近，能使别人把一个国家交给他，还唯恐他不接受，那这人一定是个才智完全而德性不外露的人啊！”

哀公问道：“什么是才智完全呢？”

孔子道：“死生、存亡、穷达、贫富，贤与不肖、毁谤与赞誉、饥渴、寒暑，这些都是事物的变化，命运的运行。日夜交替不断，而不能窥视到是从哪开始的。懂得了这个道理就不会扰乱本性的平和，不会让纷扰侵入心灵。这样才能和顺愉悦而不失掉快乐的心情，才能在日夜之中不间断保持与物俱行的和畅之气，使情与物感、使心灵与外物生发和谐。这便是才智完全。”

哀公问：“什么叫道德高尚不露呢？”

孔子道：“水平是指水在容器中的静止状态。它可以作为我们认识事物的一个法则，内部保持平静而不外溢，如同心中保持平静而不受外界的干扰。德性，是完满纯和的修养。道德高尚不露，万物就会自然亲附而不会离去。”

哀公有一天把这事告诉了闵子，说道：“开始，我以国君的地位治理天下，执掌统治大权而忧虑百姓的生死，我自认为非常明达了。如今我听了圣人的言语，我担心自己没有实绩，草率地使用我的身心，以致灭亡我的国家。我与孔子并非君臣，而是以德相交的朋友啊！”

五

闉跂支离无脤[①]说卫灵公，灵公说之，而视全人，其脰肩肩[②]。瓮㼜大瘿[③]说齐桓公，桓公说之，而视全人，其脰肩肩。

故德有所长，而形有所忘。人不忘其所忘，而忘其所不忘，此谓诚忘。

故圣人有所游，而知为孽，约为胶，德为接[④]，工为商[⑤]。圣人不谋，恶用知？不斫，恶用胶？无丧，恶用德？不货，恶用商？四者，天鬻[⑥]也。天鬻者，天食也。既受食于天，又恶用人！有人之形，无人之情。有人之形，故群于人；无人之情，故是非不得于身。眇乎小哉,所以属于人也;謷[7]乎大哉,独成其天。

【注释】

① 闉(yīn)跂支离无脤:曲足、伛背、无唇("脤"同"唇")。

② 其脰(dòu)肩肩:脰,颈项;肩肩,形容细小之状。

③ 瓮(wèng)盎大瘿:形容颈瘤大如盆。

④ 德为接:德,小惠施人;接,交接。

⑤ 工为商:工巧是行商者的作为。

⑥ 天鬻:大自然的养育。

⑦ 謷(áo):形容高大。

【译文】

有一个曲足、驼背、无唇的人去当卫灵公的说客,卫灵公很高兴,而看到形体健全的人时,却反而觉得他们颈部太小了。有一个脖子生有大瘤子的人去当齐桓公的说客,齐桓公很高兴,而看到身形健全的人时,却反而觉得他们的颈部太细了。

因此德性的特长突出,身体长相就会被人们忽略忘却。但是,世上的人往往不忘却应该忘掉的东西,而忘却所不该忘掉的东西,这就是真正的健忘。

因此,至圣之人悠优自得,而耍智用巧则招致灾祸,契约是约束双方的凭证,市惠是交接手段,工巧为商贸行为。至圣之人不搞图谋,如何能用着智巧?顺乎事物的发展规律,哪里用得着凭证?没有什么缺失,焉用德性?不做买卖,哪里用得着懂得行情?这四个方面,是自然所养。自然所养,就是上天给吃的。既然是上天给吃的,又怎么会去用人为的呢?有人的形体,没有人的俗情。有人的形体,因此属于社会人群中的一员;没有人的俗情,因此不受世人是是非非的影响。太渺小了,这是因为与世人同属一类;太伟大了,独自与自然成为一体。

六

惠子谓庄子曰:"人故无情乎?"

庄子曰："然。"

惠子曰："人而无情，何以谓之人？"

庄子曰："道与之貌，天与之形，恶得不谓之人？"

惠子曰："既谓之人，恶得无情？"

庄子曰："是非，吾所谓情也。吾所谓无情者，言人之不以好恶内伤其身，常因自然而不益生也。"

惠子曰："不益生[①]，何以有其身？"

庄子曰："道与之貌，天与之形，无以好恶内伤其身。今子外乎子之神，劳乎子之精，倚树而吟，据槁梧而瞑[②]。天选[③]子之形，子以坚白[④]鸣。"

【注释】

① 不益生：不对生命做额外的增益保护。

② 瞑：眠。

③ 天选：天授。

④ 坚白：坚白论。

【译文】

惠子对庄子说："人是无情的吗？"

庄子回答道："是。"

惠子说："人如果无情，为什么叫做人？"

庄子说："道给了他容貌，天赋予他形体，怎么不能叫做人？"

惠子说："既然叫做人，怎么会无情？"

庄子道："这个情不是我们说的情。我所讲的无情，是说人不因为好恶而内伤其身，经常因其自然而不去人为地去增益生命。"

惠子问："不人为地增加、求取，怎么就能保有其身呢？"

庄子道："道给人以容貌，天给人以身形，不以好恶而从内部伤害了人的本性。如今你把本性的心神放纵于外，使你本性的精气疲劳，靠在树下吟诵，背倚枯梧桐树而眠。大自然赋予你身形，可你却以坚白的论调自鸣得意。"

大宗师

一

知天①之所为②，知人之所为者，至矣！知天之所为者，天而生也；知人之所为者，以其知之所知，以养其知之所不知，终其天年而不中道夭者，是知之盛③也。

虽然，有患。夫知有所待而后当，其所待者特未定也。庸讵知吾所谓天之非人乎？所谓人之非天乎？

【注释】

① 天：自然。

② 所为：运化，运化的产物。

③ 盛：至，极。

【译文】

明白天道运行之理，也懂得人世上的礼义刑罚的规则，这就可以了。知道天道运行之理，就能顺应自然而生养；知道人世上的礼义刑罚的规则，就能运用智慧取得养生之道，又凭借养生之道去顺应智慧不能达到的自然天道，终享天年而不会半道夭折，这就是运用智慧的最高境界了。

虽然如此，还会有问题。运用智慧需要依赖一定的条件，而条件本身就存在不定的因素。怎么知道我所说的天道不是人道呢？所说的人道不是天道呢？

二

且有真人而后有真知。何谓真人？古之真人，不逆寡，不雄成，不谟士[①]。若然者，过而弗悔，当而不自得也。若然者，登高不栗，入水不濡[②]，入火不热。是知之能登假于道者也若此。

古之真人，其寝不梦，其觉无忧，其食不甘，其息深深。真人之息以踵，众人之息以喉。屈服者，其嗌言[③]若哇。其耆欲深者，其天机浅。

【注释】

① 谟士：谋事。

② 濡：沾湿。

③ 嗌(ài)言：哽咽在喉咙里的话。

【译文】

有了真人之后才会有真知。什么叫做真人？古代的真人，不因为少而拒绝它，不炫耀成功，不谋事功。像这样的人，错过时机不会后悔，有了成绩也不会自得。像这样的人，爬上高处不觉战栗，淌入水里不觉沾湿，踩在火上不觉焦热。这便是智慧达到大道的境界而处变不惊。

古代的真人，睡觉的时候不做梦，醒来的时候不忧虑，食物不求美味，呼吸深沉。真人的呼吸可以达到脚踝，世人的呼吸只能到喉咙。那些争辩者理屈的时候，他们讲话哽咽，就像要呕吐一样难受。那些欲望强烈的人，他们的自然天性就迟钝了。

三

古之真人，不知说生，不知恶死。其出不䜣[①]，其入不距。翛然[②]而往，翛然而来而已矣。不忘其所始，不求其所终。受而喜之，忘而复之。是之谓不以心捐道，不以人助天，是之谓真人。

若然者，其心忘，其容寂，其頯頯[3]。凄然似秋，暖然似春，喜怒通四时，与物有宜而莫知其极。

故圣人之用兵也，亡国而不失人心；利泽施乎万世，不为爱人。故乐通物，非圣人也；有亲，非仁也；天时，非贤也；利害不通，非君子也；行名失己，非士也；亡身不真，非役人也。若狐不偕、务光、伯夷、叔齐、箕子、胥馀、纪他、申徒狄[4]，是役人之役[5]，适人之适，而不自适其适者也。

【注释】

① 䜣（xīn）：喜悦。

② 翛（xiāo）然：自由无拘的样子。

③ 頯頯（sǎngkuí）：颡，额头；頯，宽大。

④ 狐不偕：姓狐，名不偕。不肯受尧禅让而投河自尽。务光：夏末高士，不肯受汤让天下，负石投水而死。胥馀：不详。纪他：商代贤人，恐商汤让位及己，携弟子隐居。申徒狄：商代贤人，慕纪他高名，负石自沉。

⑤ 役人之役：做别人应当做的事，即为人所用。

【译文】

古代的真人，对生存不感到欣喜，对死亡不感到惧怕。出生了不感到喜悦，死亡来临也不抗拒。自然无心而去，自然无心而来罢了。不忘生命的本源，不追求自己的归宿。自从有生命之后就自得常乐，等到生命终结恢复自然时忘却了死亡。这就叫做不用心机损害大道，不用人为的方法去延长自然寿命，这就是真人。

像这样的人，他的心智专一，面容安寂，额头宽大。好像秋天般严冷，又好像春天般温和，喜怒变化如四时运行一样自然，与万物混为一体，却不留痕迹。

所以圣人用兵，灭亡别国却不失他国人心；利益恩泽施及万代，却不是出自偏爱之心。所以有意与物相通，就不是圣人；有意与物亲近，就不是仁人；有意求得天时，就不是贤人；不等观利害，就不是君子；追求名声而失去自然本性，就不是士人；失去本真之心，就不是役使他人之人。像狐不偕、务光、伯夷、叔齐、箕子、胥馀、纪他、申徒狄他们,都是为别人所驱使,使别人快活,而不是以自己的快意为快意。

四

古之真人,其状义而不朋[①],若不足而不承;与乎其觚而不坚也,张乎其虚而不华也;邴邴乎[②]其似喜也,崔崔[③]乎其不得已也。滀[④]乎进我色也,与乎止我德也,广乎其似世也,謷乎其未可制也,连乎其似好闭也,悗[⑤]乎忘其言也。以刑为体,以礼为翼,以知为时,以德为循。以刑为体者,绰乎其杀也;以礼为翼者,所以行于世也;以知为时者,不得已于事也;以德为循者,言其与有足者至于丘也,而人真以为勤行者也。故其好之也一,其弗好之也一。其一也一,其不一也一。其一与天为徒,其不一与人为徒[⑥],天与人不相胜也,是之谓真人。

【注释】

① 朋:通"崩"。

② 邴邴乎:喜悦的样子。

③ 崔:活动的样子。

④ 滀(chù):水蓄积的样子。

⑤ 悗(mèn):无心的样子。

⑥ 为徒:视为同类。

【译文】

古时候的真人,形象高大而不崩坏,好像不足而又无以承受。他们从容自得,有棱有角,却不固执;心胸宽阔,虚静淡然,却不浮华。情貌畅快,似有喜色。虽有所动,却出于不得已。其容色如水蓄满而充盈,其德性却日见精粹;真人心胸开阔,但又高蹈桀骜,不可役使;他们常常缄默闭口,好像封闭了感觉的通路;漫不经心,好像忘了要说的言语。以刑法为主体,以礼仪为辅助,以智慧测度时机，以道德为准则。以刑法为主体，虽杀而犹觉宽大；以礼仪为辅助，就是推行行为规范；以智慧测度时机，就是应付不得已之事；以道德为准则，就是说好像有脚的人爬上小山一样，而世人真以为他们勤于行走。所以真人看上去有某种喜好，其实又未必如此，而是混沌不清的。相同的是一样的，不相同的也是一样的。相同的时候与天道混一，不相同的时候与世人相类。天与人之间并不是互相对立的关系，这就是真人。

五

死生，命也；其有夜旦之常，天也。人之有所不得与[①]，皆物之情也。彼特以天为父，而身犹爱之，而况其卓[②]乎！人特以有君为愈乎己，而身犹死之，而况其真[③]乎！

【注释】

① 与：通“预”，干预。

② 卓：卓越，指天道。

③ 真：真宰，指大道。

【译文】

生与死，是不可避免的生命活动；它好像有昼夜运行之迹，这是自然的规律。世人对死生的现象无法干预，这些都是事物变化的情理。世人把天当作父亲，而终身敬爱它，更何况是派生天地的大道呢！世人认为君王高于自己，而愿意以死报君，更何况是主宰万物的大道呢！

六

泉涸，鱼相与处于陆，相呴[①]以湿，相濡[②]以沫，不如相忘于江湖。与其誉尧而非桀也，不如两忘而化其道。夫大块载我以形，劳我以生，佚我以老，息我以死。故善吾生者，乃所以善吾死也。

夫藏舟于壑，藏山于泽，谓之固矣！然而夜半[3]有力者负之而走，昧者不知也。藏小大有宜，犹有所遁[4]。若夫藏天下于天下而不得所遁，是恒物之大情也。特犯人之形而犹喜之。若人之形者，万化而未始有极也，其为乐可胜计邪？故圣人将游于物之所不得遁而皆存。善妖[5]善老，善始善终，人犹效之，又况万物之所系而一化之所待[6]乎！

【注释】

① 呴(xǔ)：吐气。

② 濡：湿润。

③ 夜半：半夜，引申为不知不觉的意思。

④ 遁(dùn)：亡失。

⑤ 妖：通“夭”，小，指生命短。

⑥ 一化之所待：一切变化之所依待的。所待，指大道。

【译文】

泉水枯竭了，鱼相互挤在陆地上，用湿气相互滋润，用唾液相互沾湿，就不如在江湖之中彼此相忘活得自在。与其称道尧而指责桀，不如把两者都遗忘而同化为大道。天地赋予我形体，使我生时劳碌，老后安逸，死后休息，所以使我生年有益，也使我死而无忧。

把船藏在山谷中，把山藏在大泽中，可以说是很可靠了。但是夜半之时，倘若有造化的大力士把它们背走，蒙昧的世人却还不知道。所以把小的东西藏在大的东西里面，还是会有闪失的。如果把天下藏在天下之中，就不会有闪失了，这是天地万物永恒的真理。一旦成就人的形体就欣喜不已，而人的形体千变万化从来就没有穷尽，如此那么欣喜怎么能数清呢？所以圣人游心于万无一失的境地，与天地共存。不论寿命的长短，也不论开始还是终结都欣喜不已，他们尚且被世人效法，更何况是万物赖以包藏，赖以同化混一的大道呢！

七

夫道有情有信，无为无形；可传而不可受，可得而不可见；自本自根，未有天地，自古以固存；神鬼神帝[1]，生天生地；在太极之先而不为高，在六极之下而不为深，先天地生而不为久，长于上古而不为老。豨韦氏得之，以挈天地；伏戏氏得之，以袭气母；维斗[2]得之，终古不忒；日月得之，终古不息；堪坏得之，以袭[3]昆仑；冯夷得之，以游大川；肩吾得之，以处大山；黄帝得之，以登云天；颛顼得之，以处玄宫；禺强得之，立乎北极[4]；西王母得之，坐乎少广，莫知其始，莫知其终；彭祖得之，上及有虞，下及五伯；傅说[5]得之，以相武丁，奄有天下，乘东维，骑箕尾，而比于列星。

【注释】

① 神鬼神帝：生鬼生帝。神，生，引出。

② 维斗：北斗。

③ 袭：沿袭。

④ 立乎北极：自立于北海之神。

⑤ 傅说：商代贤臣。

【译文】

大道是真实而有信验的，同时又是无为无形的；可以通过精神领悟而不能手授，可以得到却又看不见；它的基础就是自身，在天地万物尚未形成之时，自古就一直存在；它使得鬼与上帝变得有神气，产生了天与地；在太极之上还不算高，在六极下面也不算深。在天地产生之前就存在不算久，长于上古而不算老。狶韦氏得到它，用以协理天地；伏戏氏得到它，用以调和元气；维斗得到它，就永远不会出差错；日月得到它，就可以永远不停息了；堪坏得到它，就入主昆仑山；冯夷得到它，就可以游于大河之中；肩吾得到它，就可以镇守泰山；黄帝得到它，就可以登天行云；颛顼得到它，就可以住在玄宫中；禺强得到它，就可以立于北海之神；西王母得到它，就可以安坐在少广山上，不复生死，不知道从哪里开始的，也不知道在哪里终结；彭祖得到它，往上可以与虞顺同时，往下可以活到五伯的时代；傅说得到它，可以做武丁的宰相，包有天下，死后乘骑在东维、箕尾两星之间，与亢角等星并列。

八

南伯子葵[①]问乎女偊[②]曰："子之年长矣，而色若孺子，何也？"

曰："吾闻道矣。"

南伯子葵曰："道可得学邪？"

曰："恶！恶可！子非其人也。夫卜梁倚有圣人之才而无圣人之道，我有圣人之道而无圣人之才。吾欲以教之，庶几其果为圣人乎！不然，以圣人之道，告圣人之才，亦易矣。吾犹守而告之，三日而后能外天下[③]；已外天下矣，吾又守之，七日而后能外物；已外物矣，吾又守之，九日而后能外生；已外生矣，而后能朝彻；朝彻[④]，而后能见独；见独，而后能无古今；无古今，而后能入于不死不生。杀生者不死，生生者不生。其为物，无不将也，无不迎也，无不毁也，无不成也。其名为撄[⑤]宁。撄宁也者，撄而后成者也。"

【注释】

① 南伯子葵：即南伯子綦。

② 女偊：古时怀道者。

③ 外天下：把天下置之度外，即忘掉天下。外，遗忘。

④ 朝彻：如朝阳升起时的明彻，指豁然彻悟。

⑤ 撄：扰乱。

【译文】

南伯子葵问女偊："你的年纪已经很大了，怎么容颜却如童子，这是怎么回事？"

说："我得道了。"

南伯子葵说："道可以通过学习获得吗？"

说："什么！怎么可以！你不是那种可以得道的人。卜梁倚有圣人的才能而没有圣人的道行,我有圣人的道行而没有圣人的才能。我想用圣人之道教导他,或许他可以真的成为圣人吧!即便不能,用圣人之道教导有圣人之才的人,也是容易的。我仍然坚持教导他,三天之后他就能忘记天下;已经忘记天下后,我又教导他,七天后能忘记万物;能忘记万物后,我又教导他,九天后能忘记自我;已经忘记自我了,便能大彻大悟了;彻底领悟之后,便可以窥见绝对之道;窥见绝对之道后,能破除古今的时间观念;没有古今之感,然后就可以领悟没有生死的境界。使万物泯灭的大道本身不会死,使万物诞生的大道本身也没有生。大道之于万物,没有什么不是由它来送终,没有什么不是由它来迎生的,没有什么不是由它来毁灭的,没有什么不是由它来成就的。这就叫做撄宁。撄宁就是在纷乱中保持安宁的心态。"

九

南伯子葵曰:"子独恶乎闻之?"

曰:"闻诸副墨之子[①],副墨之子闻诸洛诵[②]之孙,洛诵之孙闻之瞻明[③],瞻明闻之聂许[④],聂许闻之需役,需役闻之于讴[⑤],于讴闻之玄冥,玄冥闻之参寥,参寥闻之疑始。"

【注释】

① 副墨之子:指文字。

② 洛诵:诵读。

③ 瞻明:见解通彻。

④ 聂许:附耳小语,心即许之。

⑤ 于讴:吟咏嗟叹。

【译文】

南伯子葵说:"你从哪里学道呢?"

女偊说:"我从文字那里得来的,文字从诵读者那里得来,诵读者从见解通彻那里得来,见解通彻从耳闻心许那里得来,耳闻心许从等待时机行役那里得来,等待时机行役从吟咏嗟叹那里得来,吟咏嗟叹从虚静深远那里得来的，虚静深远从参悟寥廓那里得来，参悟寥廓从无法确定的大道之初那里得来。”

十

子祀、子舆、子犁、子来[1]四人相与语曰：“孰能以无为首，以生为脊，以死为尻[2]；孰知死生存亡之一体者，吾与之友矣！”四人相视而笑，莫逆于心，遂相与为友。

【注释】

① 子祀、子舆、子犁、子来：皆为作者虚构的人物。

② 尻（kāo）：脊椎骨末端，指屁股。

【译文】

子祀、子舆、子犁、子来四个人交谈，说：“谁能把无当做头，把有生之年当做脊梁，把死亡当做尾骨；谁能认识到死生存亡是一体的，我们就把他当做朋友。”四人相视而笑，心意彼此相同，于是共同成为朋友。

十一

俄而子舆有病，子祀往问之。曰：“伟哉，夫造物者将以予为此拘拘[1]也。”曲偻发背，上有五管，颐隐于齐，肩高于顶，句赘指天。阴阳之气有沴[2]，其心闲而无事，跰䠣[3]而鉴于井，曰：“嗟呼！夫造物者又将以予为此拘拘也。”

【注释】

① 拘拘：背弯曲的样子。

② 沴（lì）：凌乱。

③ 跰䠣（piánxiān）：步履艰难的样子。

【译文】

不久子舆生病了，子祀前往问候。子舆说：“造物者真是伟大啊，要把我变成曲背的人。”只见他腰曲背弯，五脏随背向上，面颊埋在肚脐里，肩膀高过头顶，脑后发髻朝天。阴阳二气虽然乖戾不调，他却内心闲静不以为然，步履艰难走到井边，说：“啊呀！造物者又把我变成一个曲背的人！”

十二

子祀曰：“女恶之乎？”

曰：“亡，予何恶！浸[①]假而化予之左臂以为鸡，予因以求时夜；浸假而化予之右臂以为弹，予因以求鸮炙；浸假而化予之尻以为轮，以神为马，予因以乘之，岂更驾哉！且夫得者，时也；失者，顺也。安时而处顺，哀乐不能入也，此古之所谓县解[②]也。而不能自解者，物有结之[③]。且夫物不胜天久矣，吾又何恶焉！”

【注释】

① 浸：渐渐的。

② 县解：即悬解，解其倒悬。

③ 物有结之：指被阴阳之气所束缚。物，指阴阳二气。

【译文】

子祀说：“你厌恶这种变化吗？”

子舆说：“不，我哪里会厌恶呢？如果造物者渐渐地使我的左臂变成公鸡，我就会用它来报晓；如果造物者渐渐地使我的右臂变成弹弓，我就用它来打鸟烤肉吃；如果造物者渐渐地使我的尾骨变成车轮，使我的精神变成骏马，我就坐上它，难道还需要另找车驾吗？我应时而生，顺天而亡。安守时命，顺应自然，悲哀与快乐的情绪就不能干扰我，这就是古人所说的解脱了倒悬的绳子。而不能自我解脱的人，那就是因为有外物束缚他的缘故。况且人力难以胜过自然天道已经很长时间了，我又怎么会厌恶自己的变化呢！”

十三

俄而子来有病，喘喘然将死。其妻子环而泣之。子犁往问之，曰:“叱！避！无怛[①]化！”倚其户与之语曰:“伟哉造化！又将奚以汝为？将奚以汝适？以汝为鼠肝乎？以汝为虫臂乎？”

子来曰:“父母于子,东西南北,唯命之从。阴阳于人,不翅[②]于父母。彼近吾死而我不听,我则悍矣,彼何罪焉？夫大块载我以形,劳我以生,佚我以老,息我以死。故善吾生者,乃所以善吾死也。今大冶[③]铸金,金踊跃曰:‘我且必为镆铘[④]’,大冶必以为不祥之金。今一犯人之形而曰:‘人耳！人耳！’夫造化者必以为不祥之人。今一以天地为大炉,以造化为大冶,恶乎往而不可哉！”成然寐,蘧然[⑤]觉。

【注释】

① 怛(dá):惊诧。

② 不翅:不啻,不止,何止。

③ 大冶:冶金工匠,喻造化。

④ 镆铘:古良剑名,也作“莫邪”。

⑤ 蘧然:自适的样子。

【译文】

不久子来生病了,呼吸急促将要死了。他的妻子和儿女们围着他哭泣。子犁前去问候他,对子来的亲人们说:“别哭！退让开！不要惊动正在起变化的人！”靠着门户与子来说:“造物者真是伟大啊！又要将你变成什么呢？要将你送到哪里去呢？把你变成鼠肝吗？把你变成虫臂吗？”

子来说:“子女对于父母,无论在东西南北何处,都要听从父母之命。人之于阴阳运行,与对父母没有什么区别。阴阳造化命令我死,我如果不听命,那么就算忤逆了,而造化有什么过失呢？自然赋予我形体,使我生年劳碌,老来安逸,死后休息。所以我生而有益,死而无憾。僻如现在工匠铸造金属,金属跳跃而起说:‘我一定要成为镆铘剑’,那么工匠必定认为它是不吉祥的东西。现在人一旦被赋予以形体,而说:‘成人了！成人了！’那么造物者必定认为他是不吉祥的人。现在一旦把天地当作熔炉,把造化当成工匠,到哪里去不可以呢！”子来说完就睡了,又自在地醒来。

十四

子桑户、孟子反、子琴张[①]三人相与友，曰："孰能相与于无相与，相为于无相为？孰能登天游雾，挠挑[②]无极[③]，相忘以生，无所终穷？"

三人相视而笑，莫逆于心。遂相与为友。

【注释】

① 子桑户、孟子反、子琴张：为作者虚构的人物。

② 挠挑：宛转循环的意思。

③ 无极：太虚。

【译文】

子桑户、孟子反、子琴张三个人互相言谈，说："谁能相交于无心，相互有为于无心？谁能登天游于雾中，飘荡于太虚境界，忘记生死，无穷无尽？"三个人相视而笑，彼此心意相通，于是共同成为朋友。

十五

莫然有间[①]，而子桑户死，未葬。孔子闻之，使子贡往侍事[②]焉，或编曲，或鼓琴，相和而歌曰："嗟来[③]桑户乎！嗟来桑户乎！而已反其真，而我犹为人猗[④]！"子贡趋而进曰："敢问临尸而歌，礼乎？"

二人相视而笑曰："是恶知礼意！"

【注释】

① 有间：过了一段时间，即不久。

② 侍事：协助办理后事。

③ 嗟来：感叹之声。

④ 猗：叹词，犹"啊"。

【译文】

过了不久，子桑户死，还没有下葬。孔子听说这件事，派遣子贡前往协助办后事。看到一个编歌曲，一个鼓琴瑟，相唱和道："哎呀桑户啊！哎呀桑户啊！你已经返回大道，而我们尚且仍在人间啊！"子贡快步走上前说："请问在尸体面前唱歌，这符合礼吗？"

两个人对视而笑，说："你哪里知道礼的真意啊！"

十六

子贡反，以告孔子曰："彼何人者邪？修行无有，而外其形骸，临尸而歌，颜色①不变，无以命之。彼何人者邪？"

孔子曰："彼游方之外②者也，而丘游方之内者也。外内不相及，而丘使女往吊之，丘则陋矣！彼方且与造物者为人，而游乎天地之一气。彼以生为附赘③县疣④，以死为决疣⑤溃痈。夫若然者，又恶知死生先后之所在！假于异物，托于同体；忘其肝胆，遗其耳目；反复始终，不知端倪；芒然彷徨乎尘垢之外，逍遥乎无为之业。彼又恶能愦愦然⑥为世俗之礼，以观众人之耳目哉！"

【注释】

① 颜色：面色。

② 方之外：世外。方，天地四方，指世上。

③ 赘：多余的肉体。

④ 疣：小瘤。

⑤ 疣(huàn)：皮肤上小肿块。

⑥ 愦愦(kuì)然：烦乱的样子。

【译文】

子贡回去后，把事情告诉孔子，说："他们这些是什么人啊？修行却不讲礼仪，把形骸置于度外，在尸体面前唱歌，脸上无悲哀面容，我不知道称他们什么好。他们是怎样的人啊？"

孔子说："他们是生活于尘世以外的人，而我则是生活在尘世之内的人。尘世内外的人不相干，而我派遣你去吊唁他，我真是浅薄啊！他们正与造物者为友，遨游于天地混一的境界。他们把生命看作附在身体上多余的肉瘤，把死亡看作是脓疮的破溃，像这样的人，又怎么会知道生死的先后区别呢！凭借不同的物，与大道混成一体；忘记内在的肝胆脏腑，遗忘外在的耳目感官；循环往复，没有始终；无所牵挂的遨游于尘世之外，逍遥于无为之中。他们又怎么会麻烦地去践行世俗的礼仪，让世上众人来听闻和观看呢！"

十七

子贡曰："然则夫子何方之依？"

孔子曰："丘，天之戮民也。虽然，吾与汝共之。"

子贡曰："敢问其方？"

孔子曰："鱼相造乎水，人相造乎道。相造乎水者，穿池而养给；相造乎道者，无事而生定。故曰：鱼相忘乎江湖，人相忘乎道术。"

子贡曰："敢问畸人。"曰："畸人者，畸于人而侔[①]于天。故曰：天之小人，人之君子；人之君子，天之小人也。'"

【注释】

① 侔(móu)：合。

【译文】

子贡说："那么先生遵循方外，还是方内呢？"

孔子说："我是摆脱不了方内桎梏要受天道惩罚的人。虽然如此，我和你向往方外之道。"

子贡说："请问通向方外的方法？"

孔子说："鱼同游于水中，人同行于道上。同游于水中，必须挖水池以生养；同行于道上，不烦其事而生性安详宁静。所以说，鱼游于江湖之中就会忘掉一切而自乐，人行于道术之中就会忘掉一切而自在。"

子贡说："请教什么是与俗不合的异人。"孔子说："异人就是那些与世俗相抵牾而与天道相契合的人。所以说，天道所认为的小人，正是世俗间的君子；世俗间的君子，正是天道所认为的小人。”

十八

颜回问仲尼曰：“孟孙才，其母死，哭泣无涕，中心不戚，居丧[1]不哀。无是三者，以善处丧盖鲁国，固有无其实而得其名者乎？回壹[2]怪之。”

仲尼曰：“夫孟孙氏尽之矣，进[3]于知矣，唯简之而不得，夫已有所简矣。孟孙氏不知所以生，不知所以死。不知就先，不知就后[4]。若化为物，以待其所不知之化已乎！且方将化，恶知不化哉？方将不化，恶知已化哉？吾特与汝，其梦未始觉者邪！且彼有骇形而无损心，有旦宅而无情死。孟孙氏特觉，人哭亦哭，是自其所以乃。且也相与‘吾之’耳矣！庸讵知吾所谓‘吾之’乎？且汝梦为鸟而厉[5]乎天，梦为鱼而没于渊。不识今之言者，其觉者乎？其梦者乎？造适不及笑，献笑[6]不及排，安排而去化，乃入于寥天一。”

【注释】

① 居丧：守丧期间。

② 壹：语助词，表强调。

③ 进：胜过。

④ 先、后：均针对生死而言。

⑤ 厉：通“戾”，到达。

⑥ 献笑：内心发出的笑。

【译文】

颜回问孔子说：“孟孙才这个人，他母亲死了，他哭泣却不流眼泪，内心不悲伤，守孝时不哀痛。没有做到这三点，却被看作鲁国中居丧有道的人而闻名。难道有无其实而徒有虚名吗？我感到很奇怪。”

孔子说：“孟孙氏已经尽到了居丧之道，超过了那些居丧的礼仪的境界。虽然居丧的礼仪难以简化，但实际上已经有所精简了。孟孙氏不知道什么是生，不知道什么是死；不知道求生为先，而寻死为后。顺应变化而成为该化之物，等待那不可知而变化而已！况且将要变化，怎么知道不变化呢？将不变化，怎么知道变化呢？可我和你还在梦中没有醒啊！孟孙才虽然由于母亲的死受惊却没有心境上的低落，有惊忧却没有精神上的沦丧。孟孙才独自清醒，别人哭泣他也跟着哭泣，碍于世俗之情装装样子而已。世人看到自己的身体便称为我，怎么知道这样的形体是属于我的呢？况且你梦见成为鸟飞抵高空，梦见成为鱼沉于渊底。不知道现在说话的人，是醒着的？还是在做梦？突如其来的快意不及笑出声的，由衷的快乐是无法事先安排的，顺应天道的安排而随意变化，于是便进入虚静混一的大道中与天成为一体。”

十九

意而子见许由，许由曰："尧何以资汝？"

意而子曰："尧谓我，'汝必躬服仁义而明言是非'。"

许由曰："而奚来为轵[①]？夫尧既已黥[②]汝以仁义，而劓[③]汝以是非矣。汝将何以游夫遥荡恣睢转徙之涂乎？"

意而子曰："虽然，吾愿游于其藩。"许由曰："不然。夫盲者无以与乎眉目颜色之好，瞽者无以与乎青黄黼黻[④]之观。"

意而子曰："夫无庄之失其美，据梁之失其力，黄帝之亡其知，皆在炉锤之间耳。庸讵知夫造物者之不息我黥而补我劓，使我乘成[⑤]以随先生邪？"

许由曰："噫！未可知也。我为汝言其大略：吾师乎！吾师乎！整[⑥]万物而不为义，泽及万世而不为仁，长于上古而不为老，覆载天地、刻雕众形而不为巧，此所游已！"

【注释】

① 轵（zhǐ）：语助词。

② 黥：用刀在犯人脸上刻刺，然后涂上墨的一种刑罚，亦称墨刑。

③ 劓（yì）：割鼻的刑罚。

④ 黼黻(fǔfú):古时礼服上绣的斧形花纹。

⑤ 乘成:载着完整的身体。成,全,完整。

⑥ 整(jī):和,调和。

【译文】

意而子拜见许由,许由说:"尧用什么教导你?"意而子说:"尧教导我,'你一定要亲自施行仁义,并且要明辨是非'。"

许由说:"那么你还要来这里干什么?尧既然已经用仁义对你实施黥刑,用是非对你实施劓刑。你怎能游于逍遥,变化的境界呢?"

意而子说:"虽然如此,我还是希望在大道的边缘游走。"

许由说:"不行的。盲人是无法欣赏眉目清秀的面容的,瞎子是无法欣赏礼服上的青黄颜色和斧状花纹的。"

意而子说:"无庄忘却自己的美貌,据梁忽视了自己的力量,黄帝忘记了自己的智慧,这些都是造物者锤炼的结果。怎么知道造物者不会修复我的脸和鼻子的伤痕,使我有着完整的躯体来追随先生呢?"

许由说:"唉!这可是不可能知道的。我还是给你说个大概吧:'道'是我伟大的宗师啊!我伟大的宗师啊!调和万物不是为了某种道义,把恩泽施于万世不是出于仁义,长于上古不算老,回天载地、雕创众物之形也不算技巧。这就进入'道'的境界了。"

二十

颜回曰:"回益[①]矣。"

仲尼曰:"何谓也?"

曰:"回忘仁义矣。"

曰:"可矣,犹未也。"

他日复见,曰:"回益矣。"

曰:"何谓也?"

曰:"回忘礼乐矣!"

曰:"可矣,犹未也。"

他日复见,曰:"回益矣!"

曰："何谓也？"

曰："回坐忘[②]矣。"

仲尼蹴然[③]曰："何谓坐忘？"

颜回曰："堕肢体，黜聪明，离形去知，同于大通，此谓坐忘。"

仲尼曰："同则无好也，化则无常也。而果其贤乎！丘也请从而[④]后也。"

【注释】

① 益：增益，指修炼得到提高。

② 坐忘：通过静坐而达到忘怀一切的虚无境界，与大道浑然一体。

③ 蹴然：受惊而改容。

④ 而：通"尔"，你。

【译文】

颜回说："我提高了。"

孔子说："怎么说呢？"

颜回说："我忘记仁义了。"

孔子说："很好，但还不够。"

过了几天，颜回又见到孔子，说："我又提高了。"

孔子说："怎么说呢？"

颜回说："我忘记礼乐了。"

孔子说："可以了，但还不够。"

又过了几天，颜回又见到孔子，说："我又提高了。"

孔子说："怎么说呢？"

颜回说："我坐忘了。"

孔子听了一惊，说："什么叫做坐忘？"

颜回说："忘却肢体，丧失聪明，摆脱形体与智慧的束缚，与大道混同融通，这就叫做坐忘。"

孔子说："混同就没有偏爱了，顺应变化就没有常态之形。你果真成为贤人了！我也愿意跟从你悟道。"

二十一

子舆与子桑友。而霖雨十日，子舆曰："子桑殆①病矣！"裹饭而往食之。至子桑之门，则若歌若哭，鼓琴曰："父邪？母邪？天乎？人乎？"有不任其声而趋②举其诗焉。

子舆入，曰："子之歌诗，何故若是？"

曰："吾思夫使我至此极者而弗得也。父母岂欲吾贫哉？天无私覆，地无私载，天地岂私贫我哉？求其为之者而不得也。然而至此极③者，命也夫！"

【注释】

① 殆：大概。

② 趋：急促。

③ 极：指饥贫的绝境。

【译文】

子舆与子桑是朋友。连着下了十天的细雨，子舆说："子桑大概饿坏了吧！"于是带饭送过去给他吃。到了子桑的门口，听见里面像是唱歌又像是哭泣，弹着琴唱道："是父亲啊！还是母亲！是天啊！还是人啊！"歌声微弱而诗句短促。

子舆进去，说："你歌诗怎么这样啊？"

子桑说："我思索谁使我如此贫困。难道父母希望我贫穷吗？天广覆万物，地普载万物，难道天地不公使我贫穷吗？我寻求这个问题的原因却得不到答案。我这种极端的贫穷就是命吧！"

应帝王

一

啮缺问于王倪,四问而四不知。啮缺因跃而大喜,行以告蒲衣子。蒲衣子曰:"而[①]乃今知之乎?有虞氏不及泰氏。有虞氏其犹藏仁以要人,亦得人矣,而未始出于非人。泰氏其卧徐徐[②],其觉于于[③]。一以己为马,一以己为牛。其知情信,其德甚真,而未始入于非人。"

【注释】

① 而:通"尔",你。

② 徐徐:缓慢。

③ 于于:安闲。

【译文】

啮缺请教王倪,问了四次而四次都回答说不知道。啮缺因此高兴地跳起来,走去把这件事告诉了蒲衣子。蒲衣子说:"你现在知道了吗?有虞氏赶不上泰氏。有虞氏标榜心怀仁义以交结人,虽然也能得到人心,然而从未能跳出外物的牵累。泰氏睡觉时安闲舒缓,醒时逍遥自适,任人把自己称为马,任人把自己称为牛。他的理智信实,他的德性纯真,他未曾陷入外物的牵累。"

二

肩吾见狂接舆。狂接舆曰:"日中始何以语[①]女?"肩吾曰:"告我,君人者以己出经式义度[②],人孰敢不听而化诸?”狂接舆曰:“是欺德也。其于治天下也,犹涉海凿河,而使蚊负山也。夫圣人之治也,治外[③]乎?正而后行,确乎能其事者[④]而已矣。且鸟高飞以避矰弋[⑤]之害,鼷鼠[⑥]深穴乎神丘之下以避熏凿之患,而曾二虫之无如?”

【注释】

① 语(yù):对……说。

② 经式义度:都是指法度。

③ 治外:指用经式法度治理人的外表。

④ 确乎能其事者:指任人各尽所能。

⑤ 矰弋(zēngyì):古时射飞鸟的器具,把箭系在生丝上。

⑥ 鼷(xī)鼠:小老鼠。

【译文】

肩吾见到狂接舆。狂接舆问:“日中始跟你说了些什么?”肩吾说:“他告诉我统治臣民的人颁布自己制定的法度,臣民谁敢不听从而被感化呢?”狂接舆说:“这是虚伪不实的德行。他这样去治理天下,就好像涉海不自量,凿河徒劳,使蚊子背山不合情理一样。圣人治理天下,难道治理别人吗?先是正己而后才能推行教化,使人们做一些确实能做到的事情罢了。况且鸟高飞以逃避网箭的祸患,小鼠在社坛的下面打深洞以避免烟熏和挖掘的祸患,难道你们连鸟和鼠也不如吗?”

三

天根游于殷阳,至蓼水之上,适遭无名人而问焉,曰:“请问为[①]天下。”无名人曰:“去!汝鄙人也,何问之不豫[②]也!予方将与造物者为人,厌则又乘夫莽眇[③]之鸟,以出六极之外,而游无何有之乡,以处圹埌[④]之野。汝又何帠[⑤]以治天下感予之心为?”又复问,无名人曰:“汝游心于淡,合气于漠,顺物自然而无容私焉,而天下治矣。”

【注释】

① 为：治，治理。

② 豫：痛快，舒服。

③ 莽眇：广远、轻盈。

④ 圹埌(kuànglàng)：空荡辽阔。

⑤ 帠(yì)："臬"的坏字，读作"寱"，"呓"的本字。

【译文】

天根在殷阳游玩，走到蓼河的边上，恰巧碰到无名人便向他请教，说："请问怎样治理天下？"无名人说："走开，你这个鄙陋的人，为什么问这使我不痛快的问题呢！我正在和造物者结伴出游，厌烦时，就乘轻盈虚无的鸟，飞翔到六极之外，遨游于虚无的境界，在广阔天边的旷野生活。你又为什么用治理天下这种梦话来撼动我的内心呢？"天根又向无名人请教。无名人说："你要使心虚静无事，气静不扰，顺应自然的规律而不夹杂主观成见，天下也就可以大治了。"

四

阳子居见老聃，曰："有人于此，向疾强梁，物彻疏明，学道不倦。如是者，可比明王乎？"

老聃曰："是于圣人也，胥易技系[①]，劳形怵心者也。且也虎豹之文[②]来田，猨狙之便、来执斄[③]之狗来藉。如是者，可比明王乎？"

阳子居蹴然[④]曰："敢问明王之治。"老聃曰："明王之治：功盖天下而似不自己，化贷[⑤]万物而民弗恃；有莫举名，使物自喜；立乎不测[⑥]，而游于无有者也。"

【注释】

① 胥：有才智的小吏。易：掌管占卜的小官。技系：被技术所束缚而

不能脱身。

② 文：花纹。

③ 斄(lí)：狐狸。

④ 蹴(cù)然：脸色突然改变的样子。

⑤ 贷：施与。

⑥ 不测：这里作名词，不可捉摸的。

【译文】

阳子居见到老聃，说："在这里有这样一个人，他聪敏强悍，对事物看得透彻明白，学道勤奋不倦。像这样的人，可以和贤明圣王相比吗？"

老聃说："以这样的人与圣人相比，就像胥吏不断变更治事为技艺所累，操劳形体扰动心神一样。况且虎豹的花纹招来田猎，猿猴因为敏捷、猎狗因为会捉狐狸才招来系上绳索。像这三种动物也可以和明王相比吗？"

阳子居脸色突变，惭愧地问："请问到底什么叫明王之治？"老聃说："明王治理天下，功德覆盖天下，好像与己无关；化育万物而人民并不感到依赖他；得到功劳不去称举表白，使人各得其所；而自己却站在不可识测的境地，与虚无之道同游。"

五

郑有神巫曰季咸，知人之死生、存亡、祸福、寿夭，期[①]以岁月旬日，若神。郑人见之，皆弃而走。列子见之而心醉，归，以告壶子，曰："始吾以夫子之道为至矣，则又有至焉者矣。"

壶子曰："吾与汝既其文，未既其实。而固得道与？众雌而无雄，而又奚卵焉！而以道与世亢[②]，必信，夫故使人得而相汝。尝试与来。以予示之。"

明日，列子与之见壶子。出，而谓列子曰："嘻！子之先生死矣！弗活矣！不以旬数[③]矣！吾见怪焉，见湿灰[④]焉。"

列子入,泣涕沾襟以告壶子。壶子曰:“乡[5]吾示之以地文,萌[6]乎不震不止[7]。是殆见吾杜[8]德机[9]也。尝又与来。”

明日,又与之见壶子。出,而谓列子曰:“幸矣!子之先生遇我也,有瘳[10]矣!全然有生矣!吾见其杜权矣!”

列子入,以告壶子。壶子曰:“乡吾示之以天壤,名实不入,而机发于踵。是殆见吾善者机也。尝又与来。”

明日,又与之见壶子。出,而谓列子曰:“子之先生不齐,吾无得而相焉。试齐,且复相之。”列子入,以告壶子。壶子曰:“吾乡示之以太冲莫胜,是殆见吾衡气机也。鲵桓之审为渊,止水之审为渊,流水之审为渊。渊有九名,此处三焉。尝又与来。”

明日,又与之见壶子。立未定,自失而走。壶子曰:“追之!”列子追之不及。反,以报壶子曰:“已灭矣,已失矣,吾弗及已。”

壶子曰:“乡吾示之以未始出吾宗。吾与之虚而委蛇[11],不知其谁何,因以为弟靡[12],因以为波流,故逃也。”

然后列子自以为未始学而归。三年不出,为其妻爨,食豕[13]如食人,于事无与亲。雕琢复朴,块然独以其形立。纷而封哉,一以是终。

【注释】

① 期:预测。

② 亢:同“抗”。

③ 不以旬数:不能用旬数死期了。旬,十天。

④ 湿灰:喻毫无生气。

⑤ 乡:通“向”,刚才。

⑥ 萌:通“芒”,芒然昏昧。

⑦ 不震不止:不动荡也不刻意安顿。

⑧ 杜:闭塞。

⑨ 德机:生机。

⑩ 瘳(chōu):治愈。

⑪ 委蛇(yí):随机应变的样子。

⑫ 弟靡：流转变迁。

⑬ 食(sì)豕：喂猪。

【译文】

郑国有一个神巫，名叫季咸，能预测人的生死存亡，吉凶祸福，寿命长短，预言的年、月、旬、日准确如神。郑国人见到他，都害怕地逃跑了。列子见了却心醉如痴。回来后便告诉壶子，说："原来我以为先生的道术是最高的，现在又有一个更高的了。"

壶子说："我教你的尽是现象，没有教你实质，你怎能得道呢？都是雌鸟而无雄鸟，又怎能生出蛋呢？你以道术与社会较量，必然表露出来，所以才让人家看清了你的面相。你把他请来，给我相一面。"

第二天，列子和季咸一起来见壶子。季咸出来对列子说："唉！你的老师要死了！不能活了！不会超过十天了。我看他形色怪异，精神萎靡得像湿灰了。"

列子进屋，痛哭流涕，泪水沾襟，把季咸的话告诉给壶子。壶子说："刚才我显示给他的像地文地貌那样的寂静，静中有动，像山没震动又没修正一样。这大概是他见我关闭了生机。你和他再来一次看看。"

第二天，列子又和季咸来见壶子。季咸出来对列子说："幸运呵！你的老师遇见我了，有好转了！完全有活的希望了！我看到他闭塞的生机有了变化！"

列子走进屋，把季咸的话告诉给壶子。壶子说："刚才我显示的是天地间的生气，名实都没放在心上，而生机则发于脚后跟。他大概看到我有一线好转的生机了。你和他再来一次看看。"

第二天，列子又和季咸一起来见壶子。季咸出来后对列子说："你的老师神情不定，我没法给他相面。等他心神安定之后，我再给他相面。"

列子进屋，告诉了壶子。壶子说："刚才我显示的阴阳二气的虚静状态的境地。他大概见到我均衡的机兆。鲸鱼逗留之处成为深渊，止水之处成为深渊，流水之处成为深渊。渊有九种，我给他看的只有三种。你和他再来一次看看。”

第二天，列子又和季咸一起来见壶子。季咸脚跟还没站稳，就惊慌逃跑了。壶子对列子说：“追赶他！”列子没追上，返回来，把情况告诉给壶子，说：“已经没影了，已经跑掉了，我也追不上了。”

壶子说：“刚才我显示给他看的没有超出我的大道。我跟他随顺应变，他分不清彼此，犹如草随风转，水随波逐流，只好逃跑了。”

从此以后，列子认为自己什么也没有学到，便回家了，三年不出家门。给他的妻子烧火做饭，喂猪如同侍奉人一样，对事物无亲无疏。除掉修饰，返回质朴，安然地把自己的形体立于世间。在纷繁的事物中固守真朴，终身如此而已。

六

无为名尸①，无为谋府，无为事任，无为知主。体尽无穷，而游无朕②。尽其所受乎天③而无见得④，亦虚而已！至人之用心若镜，不将不迎⑤，应而不藏，故能胜物而不伤。

【注释】

① 尸：担当者，主持者。

② 朕：迹象。

③ 天：指自然。

④ 无见得：不自现其所得。见，同“现”。

⑤ 不将不迎：物去不送，物来不迎。将，送。

【译文】

不要做名声的载体，不要做谋策的机关，不要承担任何事情，不要做智巧的主宰。体悟大道是无穷无尽的，而遨游开始没有迹象。用尽它所禀受的天然本性，不要以为自己得到了什么，只不过是虚无罢了！至人的用心犹如镜子，物来不迎，物去不送，顺任自然，不存私心，能够经得起考验而不受损伤。

七

南海之帝为儵，北海之帝为忽[1]，中央之帝为浑沌。儵与忽时相与遇于浑沌[2]之地，浑沌待之甚善。儵与忽谋报浑沌之德，曰：“人皆有七窍以视听食息，此独无有，尝试凿之。”日凿一窍，七日而浑沌死。

【注释】

① 儵(shū)、忽：虚拟人物。儵，通“倏”。倏、忽都有神速的意思，喻有为。

② 浑沌：虚拟人物。浑沌是纯朴自然的意思，喻无为。

【译文】

南海的帝王叫儵，北海的帝王叫忽，中央的帝王叫浑沌。儵和忽时常在浑沌的地方见面，浑沌待他们特别好。儵和忽共同商量报答浑沌的美意，说：“人们都有七窍用以看、听、吃喝、呼吸，唯独浑沌没有，我们试着给他凿成七窍。”于是每天凿成一窍，凿到第七天浑沌就死了。

外 篇

骈拇

一

骈[①]拇枝指出乎性哉，而侈于德[②]；附赘县疣[③]出乎形哉，而侈于性；多方[④]乎仁义而用之者，列于五藏哉，而非道德之正也。是故骈于足者，连无用之肉也；枝于手者，树无用之指也；骈枝于五藏之情者，淫僻[⑤]于仁义之行，而多方于聪明之用也。

是故骈于明者，乱五色，淫文章[⑥]，青黄黼黻[⑦]之煌煌非乎？而离朱是已！多于聪者，乱五声[⑧]，淫六律[⑨]，金、石、丝、竹、黄钟、大吕之声非乎？而师旷是已！枝于仁者，擢[⑩]德塞性以收名声，使天下簧鼓以奉不及之法非乎？而曾、史是已！骈于辩者，累瓦、结绳、窜句，游心于坚白同异之间，而敝跬誉无用之言非乎？而杨、墨是已！故此皆多骈旁枝之道，非天下至正也。

彼至正者，不失其性命之情。故合者不为骈，而枝者不为跂[⑪]；长者不为有馀，短者不为不足。是故凫胫[⑫]虽短，续之则忧；鹤胫虽长，断之则悲。故性长非所断，性短非所续，无所去忧也。意仁义其非人情乎！彼仁人何其多忧也？

【注释】

① 骈：连合。

② 德：通“得”，指人所固有。

③ 附赘县疣：即附悬的赘疣。赘疣，身上所生的多余的肉瘤；县，同

"悬",悬挂。

④ 多方:多端,多方面。

⑤ 淫僻:过度为淫,过偏为僻。

⑥ 文章:青与赤为文,赤与白为章。

⑦ 黼黻(fǔfú):绣在礼服上的花纹。黑与白相间叫黼,黑与青相间叫黻。

⑧ 五声:指古乐中的五个音节,即宫、商、角、徵、羽。

⑨ 六律:古乐中的六个标准音调,即黄钟、大吕、姑洗、蕤宾、无射、夹钟。

⑩ 擢(zhuó):拔。

⑪跂(qí):多出的脚趾。

⑫ 凫(fú)胫:野鸭的小腿。

【译文】

脚趾相连,手指歧生,一生下来就是这样的,但是却超出了人的天性;附着在人体上的肉瘤,虽然生长在人身上,但是不符合人形体的本性要求。使用各种方法推行仁义,并把它匹配五脏,但这些并不是道德的本然。因而连生在脚上的,只是连接了一块无用的肉;歧生在手上的,只是长了一个无用的指头;节外生枝地把仁义与五脏相匹配而超出了内存的本性,这种实行仁义的淫僻行为,真是多方地滥用了聪明。

因而眼力过分好的,就会迷乱五色,淫滥文采,岂不像光彩夺目的华丽衣服令人眩目吗?那离朱就是这样的人!听觉过度灵敏的,就会混淆五声,淫乱六律,岂不像金、石、丝、竹各种乐器发出的像黄钟、大吕等各种动听的乐声令人沉迷吗?那师旷就是这样的人!枝生仁义,拔高品德,蔽塞真性,以此来沽名钓誉,岂不是让天下鼓噪而奉守不可做到的礼法吗?那曾参和史鳍就是这样的人!过分辩解的,犹如累瓦、结绳般的堆积例证,穿凿文句,驰骋心思,致力于坚白同异论题的争论上,岂不是筋疲力尽地用空话争得暂时的名誉吗?那杨朱和墨翟就是这样的人!所以这些都是多余的旁门之道,并非天下最纯正的道德。

那天下最纯正的道德,就是出自于他们真实的自然本性。所以从自然而然的角度说,原来就是相合的不算连生,旁生出一指的不算是分歧;长的不算有余,短的不算不足。所以野鸭的腿虽然短小,但给它接上一段它就会痛苦；野鹤的腿虽然修长，但给它截去一节它就会悲伤。所以本性是长的，就不该去截短它；本性是短的，就不该去接长它，这样也就没有什么忧愁的了。噫，仁义它不合乎性命之情吧！那些仁义者怎么会有那么多的顾虑呢？

二

且夫待[①]钩绳规矩而正者，是削其性者也；待绳约胶漆而固者，是侵其德者也；屈折[②]礼乐，呴俞[③]仁义，以慰天下之心者，此失其常然也。天下有常然。常然者，曲者不以钩，直者不以绳，圆者不以规，方者不以矩，附离[④]不以胶漆，约束不以纆索[⑤]。故天下诱然[⑥]皆生，而不知其所以生；同焉皆得，而不知其所以得。故古今不二，不可亏[⑦]也。则仁义又奚[⑧]连连如胶漆纆索而游乎道德之间为哉！使天下惑也！

【注释】

① 待：依赖。

② 屈折：屈身折体，指举行礼乐仪式时的动作。可引申为周旋。

③ 呴(xū)俞：爱抚，安抚。

④ 附离：附依。离，通“丽”，依附。

⑤ 纆(mò)索：绳索。

⑥ 诱然：犹“油然”，自然而然。

⑦ 不可亏：指自然之性不可亏损。

⑧ 奚：何，为什么。

【译文】

凭借曲尺、墨线、圆规、角尺来修正事物的，就会损害了事物的本性；凭借绳索、胶漆来固定事物的，这就侵害了事物的品质；弯腰屈膝的去演习礼乐，呼吁和施行仁义，以此告慰天下人心的，这就违背了事物的自然本性。天下的事物存在着自己的自然生态。这自然生态就是，弯曲的不用曲尺规范，笔直的用不着墨线，圆圆的用不着圆规，方方的用不着角尺，相合在一起的用不着胶漆,束缚在一起的用不着绳索。所以天下万物都是自然而然的生长,却不知道它是如何生长的;天下万物都有所得,却不知道它是如何取得的。因此古今万物的自然之理都是一样的,不能够用人为的东西去亏损自然的本性。那么仁义又何必像胶漆绳索一样,而施行在道德之中!这让天下人都感到疑惑呀!

马蹄

一

马，蹄可以践霜雪，毛可以御风寒。龁[①]草饮水，翘足而陆[②]，此马之真性也。虽有义台路寝[③]，无所用之。及至伯乐，曰："我善治马。"烧之，剔之，刻之，雒之[④]。连之以羁馽[⑤]，编之以皁栈[⑥]，马之死者十二三矣！饥之，渴之，驰之，骤之，整之，齐之，前有橛[⑦]饰之患，而后有鞭筴之威，而马之死者已过半矣！陶者曰："我善治埴[⑧]。圆者中[⑨]规，方者中矩。"匠人曰："我善治木，曲者中钩，直者应绳。"夫埴木之性，岂欲中规矩钩绳哉？然且世世称之曰"伯乐善治马，而陶匠善治埴木"，此亦治天下者之过也。

【注释】

① 龁(hé)：啃，吃。

② 陆：跳。

③ 义台：即"仪台"，用于举行典礼的台子。路寝：正室，大室。

④ "烧之"四句：烧之，指用烧红的烙铁打火印。剔之，指剪马毛。刻之，削马蹄甲。雒(luò)之，戴笼头。

⑤ 羁馽(zhí)：羁，络马首；馽，绊马前足。

⑥ 皁(zào)栈：皁，马槽；栈，马棚。

⑦ 橛(jué)：马嚼子。

⑧ 治埴(zhí)：烧治陶器。埴，黏土，制陶原料。

⑨ 中：符合。

【译文】

马的四蹄可以践踏霜雪，马毛可以挡风寒。马吃草饮水，举足跳跃，这是马的本性。纵使有高台大室，对马来说也是毫无用处。后来有了伯乐，他说："我善于驯马。"于是给马烙印记，剪除长毛，削去蹄甲，戴上笼头。又用笼头和绊索把马拴在一起，用绳子按顺序编排在马棚马槽中，马因为这个就死去十分之二三了！然后再让马饿着，渴着，驱赶着，奔跑着，进行着整齐划一的训练，前有马嚼子和马缨的束缚，后有鞭策抽打的威胁，马因为这个死亡的就已过半了！陶匠说："我善于制作陶器。能使圆的合于圆规，方的合于矩。"木匠说："我善于制作木器，能使弯的合于曲尺，直的合于墨线。"难道黏土和木材的本性一定要合于规矩绳墨吗？然而世世代代都称赞说："伯乐善于驯马，而陶工木匠善于整治黏土和木材。"这也是那些治理天下的人所犯的过错啊！

二

吾意善治天下者不然。彼民有常性，织而衣，耕而食，是谓同德①。一而不党②，命曰天放③。故至德之世④，其行填填，其视颠颠⑤。当是时也，山无蹊隧，泽无舟梁；万物群生，连属其乡⑥；禽兽成群，草木遂长⑦。是故禽兽可系羁而游，乌鹊之巢可攀援而窥。

夫至德之世，同与禽兽居，族⑧与万物并⑨，恶乎知君子小人哉？同乎无知，其德不离；同乎无欲，是谓素朴⑩。素朴而民性得矣。

【注释】

① 同德：共同得于自然。

② 一而不党：一，浑然一体。党，偏。

③ 天放：自然赋予的自由。

④ 至德之世：道德最高尚的时代。

⑤ "其行"二句：填填、颠颠，均为形容自在得意的神态。

⑥ 连属其乡：指居所相连。

⑦ 遂长：生长。

⑧ 族:聚集。

⑨ 并:合。

⑩ 素朴:纯朴。

【译文】

我以为善于治理天下的人不会这样。老百姓有自己的天性,他们织布穿衣,耕田吃饭,这是人的共性和本能。彼此浑然一体,没有偏向,可以称为自由放任。所以在道德昌盛的时代,人民的行为总是显出悠闲自得、质朴拙实的样子。那时,山中没有小径和隧道,水上没有船只和桥梁;万物共同生长,居处彼此相连;禽兽成群结队,草木郁郁葱葱。因而禽兽可以让人牵着去游玩,鸟鹊的窠巢可以任人攀援去窥探。

在那道德完善的盛世,人与禽兽混杂而居,与万物聚集在一起,哪里知道君子与小人的区别呢?人们都不用智谋,自然的本性就都不会丧失;人们都一样的没有贪欲,所以都纯真朴实。纯朴就把人的自然本性保持下来了。

胠箧

一

将为[①]胠箧[②]探囊发匮[③]之盗而为守备，则必摄缄縢，固扃鐍[④]，此世俗之所谓知也。然而巨盗至，则负匮揭箧担囊而趋，唯恐缄縢扃鐍之不固也。然则乡[⑤]之所谓知者，不乃为大盗积者也？

故尝试论之：世俗之所谓知者，有不为大盗积者乎？所谓圣者，有不为大盗守者乎？何以知其然邪？昔者齐国邻邑相望，鸡狗之音相闻，罔罟[⑥]之所布，耒耨之所刺[⑦]，方二千余里。阖四竟[⑧]之内，所以[⑨]立宗庙社稷，治邑屋州闾乡曲者，曷尝不法圣人哉？然而田成子一旦杀齐君而盗其国，所盗者岂独其国邪？并与其圣知之法而盗之。故田成子有乎盗贼之名，而身处尧、舜之安。小国不敢非，大国不敢诛，十二世[⑩]有齐国。则是不乃窃齐国并与其圣知之法以守其盗贼之身乎？

【注释】

① 为：为了。

② 胠箧（qūqiè）：胠，从旁打开；箧，箱子。

③ 探囊发匮：探，掏；囊，口袋；发，打开；匮，柜子。

④ 扃鐍（jiōngjué）：扃，闩；鐍，锁。

⑤ 乡：同“向”，先前。

⑥ 罔罟（gǔ）：罔，网；罟，网的总称。

⑦ 刺:指耕作。

⑧ 阖(hé)四竟:全国。

⑨ 所以:所,地方;以,用来。

⑩ 十二世:当为“世世”之误。

【译文】

为了防备开箱子、掏口袋、开柜子的小偷,就得把(箱柜口袋上的)绳子系紧,加固锁钮,这是世俗所说的聪明。然而大盗来了却背着柜子,提着箱子,担上口袋就跑,唯恐绳锁不够牢固呢。这样看来,上面所说的聪明,岂不是替大盗储藏财物吗?

所以,(我)尝试谈论过:世俗所说的聪明的人,有不替大盗聚积的吗?所说的圣人,有不替大盗看守的吗?为什么说是这样的呢?从前的齐国,邻近的城邑能够互相望到,鸡鸣狗叫能够听见,渔猎的网撒布的地方,犁锄耕作的地方,方圆有两千余里。整个边境之内,用来建立宗庙社稷的地方,治理邑、屋、州、闾、乡、曲的人,何尝不是取法于圣人呢?但是,田成子一下子杀了齐君,盗取了齐国政权,所窃取的岂止是那个国家呢?连同圣人的法规制度也窃取了。因此田成子虽有盗贼的不好名声,(君位)坐得像尧、舜一样安稳。小国不敢反对,大国不敢讨伐,世世占有了齐国。这不仅是窃取了齐国,(而且)连同圣人的法规制度也盗去了,并用此保护着那盗贼本人吗?

二

尝试论之:世俗之所谓至知者,有不为大盗积者乎?所谓至圣者,有不为大盗守者乎?何以知其然邪?昔者龙逢斩,比干剖,苌弘胣[①],子胥靡[②],故四子之贤而身不免乎戮。故跖之徒问于跖曰:“盗亦有道乎?”跖曰:“何适而无有道邪?夫妄意室中之藏,圣也;入先,勇也;出后,义也;知可否,知也;分均,仁也。五者不备而能成大盗者,天下未之有也。”由是观之,善人不得圣人之道不立,跖不得圣人之道不行。天下之善人少而不善人多,则圣人之利天下也少而害天下也多。故曰,唇竭则齿寒,鲁酒薄而邯郸围,圣人生而大盗起。掊击[3]圣人,纵舍盗贼,而天下始治矣。夫川竭而谷虚,丘夷而渊实。圣人已死,则大盗不起,天下平而无故矣!

圣人不死,大盗不止。虽重圣人而治天下,则是重利盗跖也。为之斗斛以量之,则并与斗斛[4]而窃之;为之权衡以称之,则并与权衡而窃之;为之符玺以信之,则并与符玺[5]而窃之;为之仁义以矫之,则并与仁义而窃之。何以知其然邪?彼窃钩[6]者诛,窃国者为诸侯。诸侯之门而仁义存焉,则是非窃仁义圣知邪?故逐[7]于大盗,揭[8]诸侯,窃仁义并斗斛权衡符玺之利者,虽有轩冕之赏弗能劝,斧钺[9]之威弗能禁。此重利盗跖而使不可禁者,是乃圣人之过也。

【注释】

① 胣(chǐ):剖腹刳肠。

② 靡:通“糜”,腐烂。伍子胥死后被抛尸江中而腐烂。

③ 掊(pǒu)击:抨击。

④ 斗斛(hú):古时两种量器。

⑤ 符玺(xǐ):古时用做凭证的信物。符,由两半组成,合在一起以证真伪;玺,印。

⑥ 钩:腰带钩,指不值钱的东西。

⑦ 逐:追随。

⑧ 揭:举,指夺取、占有。

⑨ 钺(yuè):大斧,重刑具。

【译文】

(我)尝试谈论过:世俗所说的最聪明的人,有不替大盗聚积的吗?所说的最高的圣人,有不替大盗做守护的吗?怎么知道是这样的呢?从前龙逢被斩首,比干被剖心,苌弘被刳肠,伍子胥尸体沉江而糜烂,正因为他们四位是贤人,才免不了杀身之祸。所以盗跖的门徒向盗跖请教:“做强盗的也有道吗?”盗跖说:“做什么事没有道呢?猜测人家里有什么,这是圣明;带头进去,这是勇敢;最后出来,这是义气;知道能不能(成功),这是智慧;平均分赃,这是仁爱。不具备这五种(德行)而能成为大盗的,天下没有。”由此看来，好人不得圣人的道便不能建功立业，盗跖不得圣人的道便不能行窃。天下好人少，坏人多，那么圣人对天下有利少，对天下不利多。所以说，唇亡则齿寒，鲁国献薄酒，(赵国)邯郸就被围攻，圣人出生了，大盗就兴起了。打倒圣人，释放盗贼，天下才能太平。河川干涸，山谷就会空虚；山丘铲平，那么深渊也能填满。圣人没有了，大盗就兴不起来，天下也就太平无事了！

圣人不死，大盗就不会止息。如果推崇圣人来治理天下，这是增益盗跖。造出斗斛来称量，(大盗)连同斗斛都窃走；造出秤来称重，连同秤都窃走；做出符玺以便取信，连同符玺都窃走；造出仁义来矫正不正之风，连同仁义都窃走。为什么要这样说呢？那些偷了一个(腰带)钩的人要遭受刑戮，窃取了国家的人却做了诸侯。做了诸侯，门里就有了仁义，这不是把仁义圣智都窃走了吗？所以那些追随大盗，夺取诸侯的地位，盗用仁义、斗斛、秤、符、玺之利的人，即便有官爵的重赏，也不能劝阻他们，用斧钺的重刑，也不能禁止他们做恶。这种大大有利于盗跖又不能禁止的情况，都是圣人的过错。

三

故曰：“鱼不可脱于渊，国之利器[1]不可以示人。”彼圣人者，天下之利器也，非所以明天下也。故绝圣弃知，大盗乃止；擿玉毁珠，小盗不起；焚符破玺，而民朴鄙[2]；掊[3]斗折衡，而民不争；殚残天下之圣法，而民始可与论议。擢[4]乱六律，铄绝竽瑟，塞师旷之耳，而天下始人含[5]其聪矣；灭文章，散五采[6]，胶离朱之目，而天下始人含其明矣；毁绝钩绳而弃规矩，攦[7]工倕[8]之指，而天下始人含其巧矣。削曾史之行，钳杨墨之口，攘[9]弃仁义，而天下之德始玄同[10]矣。彼人含其明，则天下不铄矣；人含其聪，则天下不累[11]矣；人含其知，则天下不惑矣；人含其德，则天下不僻矣。彼曾、史、杨、墨、师旷、工倕、离朱者，皆外立其德而爚[12]乱天下者也，法之所无用也。

【注释】

① 利器：指权势禁令，仁义圣智等，主要指治国方略之类。

② 朴鄙：朴，淳朴；鄙，简陋。

③ 掊：指打碎。

④ 擢：搅。

⑤ 含：保全。

⑥ 五采：五色。采，同“彩”。

⑦ 攦(lì)：折断。

⑧ 工倕(chuí)：传说中的能工巧匠。

⑨ 攘：排除。

⑩ 玄同：混同。

⑪ 累：忧患。

⑫ 爚(yuè)：散。

【译文】

所以说：“鱼不能离开深渊，治理国家的利器不能让人知道。”那些圣人，就是治理天下的利器，不能用来明示天下的。所以根绝圣人，抛弃聪明技巧，大盗才能禁止；扔掉玉器，毁掉珠宝，小盗就没有了；烧掉符，打碎印，老百姓就淳朴简单了；打破了斗，折断了秤，老百姓就不争执了；毁尽天下圣人的法度，老百姓才可以谈论。搅乱音律，烧光乐器，堵塞师旷的耳朵，天下人才能保住其智慧；灭掉花纹图案，散乱五彩，封住离朱的眼睛，天下才能人人保住其明澈。毁掉曲尺和墨线，抛弃规矩，折断工倕的手指，天下才能人人保全其本性的技巧；铲除掉曾参、史鱼的德行，钳制住杨朱、墨翟的口舌，排除掉仁义，天下的德行才能与大道一致。人们内含明慧，天下就没有人耗费了；人人保全天性的敏聪，天下就没有忧患了；人人保全智慧，天下就没有迷惑了；人人保全德性，天下就没有邪僻了。像曾参、史鱼、杨朱、墨翟、师旷、工倕、离朱(这些人)都是炫耀自己的德行来搅乱天下的，圣智之法没有用处。

四

子独不知至德之世乎？昔者容成氏、大庭氏、伯皇氏、中央氏、栗陆氏、骊畜氏、轩辕氏、赫胥氏、尊卢氏、祝融氏、伏羲氏、神农氏[1]，当是时也，民结绳而用之，甘其食，美其服，乐其俗，安其居，邻国相望，鸡狗之音相闻，民至老死而不相往来。若此之时，则至治已。今遂至使民延颈举踵曰："某所有贤者"。赢[2]粮而趣[3]之，则内弃其亲而外去其主之事，足迹接乎诸侯之境，车轨结乎千里之外。则是上好知之过也。

【注释】

① 容成氏、大庭氏、伯皇氏、中央氏、栗陆氏、骊畜氏、轩辕氏、赫胥氏、尊卢氏、祝融氏、伏羲氏、神农氏：传说中的古代帝王。

② 赢：裹。

③ 趣：同"趋"。

【译文】

你难道不知道道德完善的时代吗？那是从前的容成氏、大庭氏、伯皇氏、中央氏、栗陆氏、骊畜氏、轩辕氏、赫胥氏、尊卢氏、祝融氏、伏羲氏、神农氏的时代。在这样的时代，老百姓结绳来记事，（人们）觉得饮食很合口，衣服很美丽，风俗很安乐，居住很安逸，邻近的国家能相互望到，鸡鸣狗叫能互相听见，老百姓到老死也不往来。像这样的时代，就是真正的太平了。现在竟然使人盼望着说："某个地方有贤人。"背着粮食去请教，于是家里抛弃双亲，对外背离君王的事业，足迹踏遍诸侯，车辙连结千里之外。这都是君主喜好智巧的过错。

五

上诚好知而无道，则天下大乱矣。何以知其然邪？夫弓弩毕[1]弋[2]机变[3]之知多，则鸟乱于上矣；钩饵网罟罾笱[4]之知多，则鱼乱于水矣；削格罗落罝罘[5]之知多，则兽乱于泽矣；知诈渐毒[6]颉滑[7]坚白解垢[8]同异之变多，则俗惑于辩矣。故天下每每大乱，罪在于好知。故天下皆知求其所不知而莫知求其所已知者，皆知非其所不善而莫知非其所已善者，是以大乱。故上悖日月之明，下烁山川之精，中堕四时之施；惴耎[9]之虫，肖翘[10]之物，莫不失其性。甚矣夫好知之乱天下也！自三代以下者是已，舍夫种种[11]之民而悦夫役役[12]之佞，释夫恬淡无为而悦夫啍啍[13]之意，啍啍已乱天下矣。

【注释】

① 毕：有柄的网，形似毕星。

② 弋(yì)：有绳、射出后可以收回的箭。

③ 机变：疑为"机辟"之误，弩上的机关。

④ 罾(zēng)：渔网。笱(gǒu)：捕鱼的竹篓子。

⑤ 罝罘(jūfú)：捕兔网。

⑥ 渐毒：欺诈。

⑦ 颉(xié)滑：狡黠；颉同"黠"。

⑧ 解垢：言词诡曲。

⑨ 惴耎(chuǎnruǎn)：蠕动。

⑩ 肖翘：飞在空中的小虫。

⑪ 种种：淳朴。

⑫ 役役：形容奔走钻营的样子。

⑬ 啍啍(zhūn)：以己诲人的样子。

【译文】

如果君王偏好智巧而不求大道，那么天下就要大乱了。怎么知道会这样呢？弓箭、鸟网、机关(此类)技巧多了，上空的鸟就要被扰乱了；钓饵、渔网、捕鱼篓子的技巧多了，水底的鱼就要被扰乱了；木桩、兽网技巧多了，荒野里的野兽就要被扰乱了；欺诈、奸毒、狡黠、诡辩、争论等权变多了，世俗就会迷惑于争辩。所以天下昏昏大乱，罪过在于偏好智巧。因为天下人都知道索求他不知道的，却不知道探求他已经知道的，都知道反对他不以为善的，却不知道反对他已经以为善的，正是这样，所以天下才大乱。因此上面悖于日月之明，下面毁掉了山川的精华，中间破坏了四时的进行；蠕动的小虫，天上的飞蛾，没有一个不失掉本性的。偏好智巧的扰乱天下已经到了极点了！从(夏、商、周)三代以来就已经这样了，抛开淳朴的人却喜欢钻营的小人，放弃恬淡无为却喜欢喋喋多言的教化，这种喋喋多言的教化已经把天下搞乱了。

秋水

一

秋水时至，百川灌河。泾流之大，两涘渚崖之间，不辩牛马。于是焉河伯欣然自喜，以天下之美为尽在己。顺流而东行，至于北海，东面而视，不见水端。于是焉[1]河伯始旋其面目，望洋向若而叹曰："野语有之曰[2]：'闻道百，以为莫己若者。'我之谓也。且夫我尝闻少仲尼之闻而轻伯夷之义者，始吾弗信。今我睹子之难穷也，吾非至于子之门则殆矣，吾长见笑于大方之家。"

北海若曰："井蛙不可以语于海者，拘于虚[3]也；夏虫不可以语于冰者，笃[4]于时也；曲士[5]不可以语于道者，束于教也。今尔出于崖涘，观于大海，乃知尔丑，尔将可与语大理矣。天下之水，莫大于海，万川归之，不知何时止而不盈，尾闾泄之，不知何时已而不虚；春秋不变，水旱不知。此其过江河之流，不可为量数。而吾未尝以此自多[6]者，自以比形于天地，而受气于阴阳[7]，吾在于天地之间，犹小石小木之在大山也。方存乎见少，又奚以自多！计四海之在天地之间也，不似礨空之在大泽乎？计中国之在海内，不似稊米之在大仓乎？号物之数谓之万，人处一焉[8]。人卒九州，谷食之所生，舟车之所通，人处一焉。此其比万物也，不似毫末之在于马体乎？五帝之所连，三王之所争，仁人之所忧，任士之所劳，尽此矣！伯夷辞之以为名，仲尼语之以为博，此其自多也，不似尔向之自多于水乎？"

【注释】

① 焉：犹“乎”，语气助词。

② “野语”句：谓俗话有如此说法。

③ 拘于虚：意谓是由于局限在井中很小的地方。

④ 笃：固守。

⑤ 曲士：鄙陋偏执之士。

⑥ 自多：自夸，自满。

⑦ “自以”句：意谓自认为寄托形体于天地，禀受元气于阴阳。比，借为“庇”，寄托。

⑧ 人处一焉：这里是以个人对众人而言的。

【译文】

秋雨按时降下，许多河流都汇流入黄河。黄河非常宽广，两岸和河中小洲之间连牛马都分辨不清。于是，黄河之神欣然自喜，认为天下美好的景色都集中在自己身上了。黄河之神顺流东下，到达北海边，面向东方望去，看不见大海的尽头。于是，河神改变自得的神色，向着海神仰视而感叹说：“俗语有这样的话：‘听说上百条道理，便认为谁都不如自己懂得的多。’说的就是像我这样的人。我曾听说认为孔子的见闻很少和轻视伯夷气节的话，当初我不相信。现在，我亲眼看到你浩渺而不见边际，我要不是来到你的门前，那就危险了，我将永远被得道之人讥笑。”

海神说：“井中的青蛙之所以不能与它谈论大海，是由于它局限在井中很小的地方；对于夏生秋死的昆虫，不能与它谈论冬天会结冰的事，是因为它受其生长时间的局限；鄙陋偏执之士之所以不能与他谈论大道，是因为被世俗之学所束缚。现在你从黄河边走出来，观看浩渺苍茫的大海，才知道你自己的鄙陋寡闻，将可以与你谈论大道了。天下的河流，都没有海大，千万条河流都汇流入海，永远不休止也未见满溢；从尾闾排泄海水，永远不停止也未见亏虚；无论春秋季节的更替也未见海水有何变化；或涝或旱，也未见海水有所增减。大海蓄水之多远远超过江河的流量，这是无法计量的。而我并没有因此而自满，自己认为寄托形体于天地，禀受元气于阴阳，我存在天地之间，就好像小石小木在泰山中那样小。正存有以为自己小的想法，哪里会感到自满呢？估算一下，四海存在于天地之间，不就像蚁穴存在大泽之中吗？估算一下，中原在四海之内，不就像一粒米在储粮大仓之中吗？物类名称的数目有万种之多，人只占其中之一。人类聚集九州，靠着粮食生长，靠着车船交通，个人只占其中之一。这样说来，一个人与万物相比，不就好像毫毛之末在马体上那样小吗？五帝接连禅让天下，三王兴师争夺天下，仁人忧虑天下安危，治世之士劳苦于职务，皆同毫末一样微不足道！伯夷辞让君位以此取得好名声，孔子大谈天下大事以显示自己的学识渊博，他们的自满，不就好像你刚才在秋水面前洋洋自得那样吗？”

二

河伯曰：“然则吾大天地而小毫末，可乎？”

北海若曰：“否。夫物，量无穷，时无止，分无常[①]，终始无故[②]。是故大知[③]观于远近，故小而不寡，大而不多，知量无穷。证曏今故[④]，故遥而不闷，掇而不跂，知时无止。察乎盈虚，故得而不喜，失而不忧，知分之无常也。明乎坦涂[⑤]，故生而不说，死而不祸，知终始之不可故也。计人之所知，不若其所不知；其生之时，不若未生之时；以其至小，求穷其至大之域，是故迷乱而不能自得也。由此观之，又何以知毫末之足以定至细之倪[⑥]，又何以知天地之足以穷至大之域！”

河伯曰：“世之议者皆曰：‘至精无形，至大不可围。’是信情[⑦]乎？”

北海若曰：“夫自细视大者不尽，自大视细者不明。夫精，小之微也；垺，大之殷也。故异便，此势之有也。夫精粗者，期[⑧]于有形者也；无形者，数之所不能分也；不可围者，数之所不能穷也。可以言论者，物之粗也；可以意致者，物之精也；言之所不能论，意之所不能察致者，不期精粗焉。

是故大人之行，不出乎害人，不多仁恩；动不为利，不贱门隶；货财弗争，不多辞让；事焉不借人，不多食乎力[⑨]，不贱贪污；行殊乎俗，不多辟异；为在从众，不贱佞谄；世之爵禄不足以为劝，戮耻不足以为辱;知是非之不可为分,细大之不可为倪[10]。闻曰:'道人不闻,至德不得,大人无己。'约分之至也。"

【注释】

① 分无常:意谓得与失是没有常规的。

② 终始无故:意谓无始无终,变化日新。

③ 知:通"智"。

④ 证曏今故:意谓验证和明察古今变化无穷的情形。曏,明察;故,同"古"。

⑤ 明乎坦涂:意谓明白死生是平坦的大道。涂,通"途"。

⑥ 倪:端倪,限度。

⑦ 信情:实情,信实。

⑧ 期:限,限于。

⑨ 不多食乎力:不赞美自食其力。

⑩ 倪:限定,区别。

【译文】

河神说:"那么我以天地为大而以毫末为小,可以吗?"

海神说:"不可以。物的限量是没有穷尽的,时间的流逝是没有止境的,得与失是没有常规的,无始无终,变化日新。所以有大智慧的人能够观察事物的远近,因而小的不以为小,大的不以为大,因为知道万物的数量是无穷的。能够验证和明察古今变化无穷的情形,所以对流逝的遥远的过去并不感到郁闷,对未来并不期望,这是因为知道时间的流逝是不会停止的。明察自然万物盈亏的变化,所以得到了也不喜悦,失去了也不悲伤,深知得失本来就是没有固定的。能够明白死生不过是人生旅行中的一条平坦大道,所以生不足以为欣悦,死亦不足以为祸败,明白死与生并无常理。计算人所知道的事情,远不如其所不知道的事多;人生存的时间,远不如死去的时间长,想用其很少的知识和有限的生命,去探求和明白无限发展变化的世界,因此只能造成心思迷乱而茫然若失。由此看来,又怎么能知道毫末就可以作为判定最小之物的尺度呢?又怎么能知道天与地就可以视为是最大的境域呢?"

河神说："世上议论的人们都说：'最细微的物体，是看不见其形状的；最大的物体，是无法度量其范围的。'此话是真实可信的吗？"

海神说："从小的方面看大的东西，是看不完全的；从大的方面看小的东西，是看不分明的。精细之物，是小物中的小物；巨大之物，是大物中的大物。所以事物大小不同却各有各的相宜之处，这是势态发展的必然现象。所谓精细与粗大，都是限于有形名之迹的东西；对于小到无形的东西，是不能用计算数量的办法来划分的；无法确定其范围大小之物，是不能用数量衡量穷尽的。可以用言语谈论的事物，是事物中粗略的部分；只可以意识到而不能用言语谈论的事物，是事物中精微的部分；言语所不能谈论的，心意所不能达到的，是不能用精微和粗略来限定的事物。

大人行动自然，不做危害人的事，也不赞许行仁施恩；大人做事并非为捞取私利，也不轻贱家奴；不与人争夺财物，也不赞许辞让财物给别人；做事不借别人之力，也不赞许自食其力的人，也没有轻贱贪污之人的念头；一举一动不同世俗，也不称赞邪僻怪异的行径；凡有所为，未曾专断，随从众人而已，但亦不鄙夷奉承谄媚之人；世上的高官厚禄，不足以为劝勉，杀戮蒙耻亦不足以为羞辱；知道是非的界线不好划分，大小的标准无法限定。听说：'得道之人，不著功名于世；至德之人，不索取；大人物我两忘。'依照事物的限度，只做分内的事，就算达到了至德的境界。"

三

河伯曰："若物之外，若物之内，恶至而倪贵贱？恶至而倪小大？"

北海若曰："以道观之，物无贵贱；以物观之，自贵而相贱[①]；以俗观之，贵贱不在己。以差观之，因其所大而大之，则万物莫不大；因其所小而小之，则万物莫不小。知天地之为稊米也，知毫末之为山丘也，则差数睹矣。以功观之，因其所有而有之，则万物莫不有；因其所无而无之，则万物莫不无。知东西之相反而不可以相无，则功分定矣。以趣[②]观之，因其所然而然之，则万物莫不然；因其所非而非之，则万物莫不非。知尧、桀之自然而相非，则趣操睹矣。

昔者尧、舜让而帝，之、哙让而绝；汤、武争而王，白公争而灭。由此观之，争让之礼，尧、桀之行，贵贱有时[3]，未可以为常也。梁丽[4]可以冲城[5]而不可以窒穴，言殊器也；骐骥骅骝一日而驰千里，捕鼠不如狸狌，言殊技也；鸱鸺[6]夜撮[7]蚤，察毫末，昼出瞋目而不见丘山，言殊性也。故曰：盖师是而无非，师治而无乱乎？是未明天地之理，万物之情者也。是犹师天而无地，师阴而无阳，其不可行明矣！然且语而不舍，非愚则诬也！帝王殊禅，三代殊继。差其时[8]，逆其俗者，谓之篡夫；当其时，顺其俗者，谓之义之徒。默默乎河伯，女恶知贵贱之门，小大之家！"

【注释】

① 相贱：相互为贱。

② 趣：趋向，取向。

③ 有时：谓因时而异。

④ 梁丽：梁栋。丽，通"欐"，屋栋。

⑤ 冲城：冲击城墙。

⑥ 鸱鸺(chīxiū)：猫头鹰。一说，"鸺"字为衍文。

⑦ 撮：抓取。

⑧ 差其时：不合时宜。

⑨ 女：通"汝"，你。

【译文】

河神说："假若在物体的外表，假若在物体的内部，怎样来区分贵与贱，怎样来区分大与小呢？"

海神说："用自然之道来看，万物原来并无贵贱之分；从万物的角度来看，都是自以为贵而以他物为贱的；用世俗之人的眼光来看，贵贱的判定并非自己所能掌握。按照万物之间存在的大小差别来看，从大的方面看便以其为大，那么万物没有不是大的；从小的方面看便以其为小，那么万物没有不是小的。知道天地虽大，而比起更大的东西，也不过是一粒小米；而比起更小的东西，犹如一座大山，那么万物之间的数量差别也就没有了。以事物具有的功能来看,从其有功能的角度去看便认为其有功能,那么万物没有不具有功能的;从其没有功能的角度去看便认为其没有功能,那么万物都不具有功能。知道东与西的方向相对立而又相互依存,那么事物的功能与本分便可以确定了。从人们对事物的趋向来看,顺着所肯定的方面而肯定它,万物没有不是肯定的;顺着否定的方面而否定它,万物没有不可否定的。知道唐尧、夏桀各自为是而相互否定,人们的趋向和情操便可以看得清楚了。

过去尧、舜因禅让而称帝,燕王哙将王位禅让给子之,而燕国几乎灭绝;商汤伐桀、周武王伐纣,皆因争战而称王,白公胜却因争斗而灭亡。由此看来,争斗与禅让的礼法,唐尧与夏桀的作为,高贵还是卑贱是因时而异的,没有一定的常规。梁栋之大可以用来冲击敌城,而不能用来堵塞鼠穴,说明使用的器具不同;良马骏驹,可以日驰千里,捕捉老鼠却不及野猫和黄鼠狼,是说它们技能不同;猫头鹰夜间能够抓取跳蚤,眼睛能够明察毫末之物,白天它睁大眼睛却看不见大山,说明各自的性能不同。俗话说:何不效法正确的而抛弃错误的,效法治理好的而抛弃混乱的呢?这是不明白天地间事物变化的道理和万物变化的实情。这好像只效法天而抛弃地,只效法阴而抛弃阳一样,这种做法行不通是非常清楚的。然而世俗之人还不住口地四处游说,他们不是愚昧就是欺骗人!古代帝王的禅让情形各不相同,夏商周三代相继承的情形也不一样。不合时宜,违背大众意愿而执政者,称他为篡夺之人;合于时宜,顺应民心而当政者,叫他为具有高尚道义的人。静默无言吧,河神,你哪里知道贵贱与大小的道理呢?"

四

河伯曰:"然则我何为乎?何不为乎?吾辞受趣舍,吾终奈何?"

北海若曰:"以道观之,何贵何贱,是谓反衍;无拘而志,与道大蹇[①]。何少何多,是谓谢施[②];无一而行,与道参差。严乎若国之有君,其无私德;繇繇乎若祭之有社,其无私福;泛泛[③]乎其若四方之无穷,其无所畛域[④]。兼怀[⑤]万物,其孰承翼?是谓无方。万物一齐，孰短孰长？道无终始，物有死生，不恃其成。一虚一盈，不位乎其形。年不可举，时不可止。消息盈虚，终则有始。是所以语大义之方，论万物之理也。物之生也，若骤若驰，无动而不变，无时而不移。何为乎？何不为乎？夫固将自化。”

河伯曰：“然则何贵于道邪[6]？”

北海若曰：“知道者必达于理，达于理者必明于权，明于权者不以物害己。至德者，火弗能热，水弗能溺，寒暑弗能害，禽兽弗能贼。非谓其薄之也，言察乎安危，宁于祸福，谨于去就，莫之能害也。故曰：‘天在内，人在外，德在乎天。’知天人之行，本乎天，位乎得[7]，蹢躅而屈伸，反要而语极。”

曰：“何谓天，何谓人？”

北海若曰：“牛马四足，是谓天；落马首，穿牛鼻，是谓人。故曰：‘无以人灭天，无以故灭命，无以得殉名，谨守而勿失，是谓反[8]其真[9]。’”

【注释】

①“无拘”两句：意味不要拘执心志，与大道相背离。拘，拘执，固执；而，通“尔”，你；蹇(jiǎn)，妨碍。

② 谢施：与“反衍”意同，谓相互转化。

③ 泛泛：周遍的样子。

④ 畛域：界限。

⑤ 怀：藏。

⑥“然则”句：意谓万物既然在自行变化，又为何看重大道呢？贵，意动用法，以……为贵。

⑦“知天”三句：谓懂得自然与人类活动的规律，方能以顺应自然为根本，处于虚极而自得的境界。行，运行，这里指活动规律；本，以……为根本。位，处，居；得，自得。

⑧ 反：通“返”，回归。

⑨ 真：真性。

【译文】

河神说："那么我应当做什么呢？不应当做什么呢？我将如何辞让、接受、进取和舍弃呢？我终究如何办呢？"

海神说："用大道的观点来看，什么是贵什么是贱，可以说贵与贱是相互转化的；不要拘执你的心志，与大道相背离。何谓少何谓多，多少是相互转化的；不要偏执己见行事，而与大道不合。像国君那样庄重威严，没有私爱之心；像祭祀的社神那样悠然自得，他对百姓并无一点私爱与赐福；像向外伸延的大地那样旷远无穷，没有什么东西可以界限。兼藏万物，谁会受到庇护？这可称为无所偏向。万物都一样，谁长谁短？大道没有终结与起始，万物都有生死的变化，即使一时有所成功也不足依靠。大道在一虚一盈地变化，没有固定不变的形态。往昔的年月无法回转，流逝的时间无法留止。天地万物的消亡、生息、充盈、亏虚，都在周而复始地变化着。明白了以上的道理，才能谈论大道的深奥学问，研讨万物的自然规律。万物之生长，像马儿急驰，像马车疾行，万物没有什么举动不在变化，没有什么时候不在变化。应当做什么呢？不应当做什么呢？万物本来就在不断地变化，何须你有意去做什么呢？"

河神说："万物既然在自行变化，为何又看重大道呢？"

海神说："明白大道的人必然通达道理，通达道理的人必然知道怎样应变，知道应变的人就不会因为外物而伤害自己了。有高尚道德修养的人，烈火不能烧伤他，大水不能淹死他，寒冷酷暑不能侵袭他，禽兽不能偷袭他。并不是说'至德者'逼近水火、寒暑、禽兽而能免受伤害，而是说他能明察安危，对困难与通达能安之若命，能谨慎对待进退，所以才没有什么能伤害他。古人说：'天性蕴藏在心内，人事显露在身外，品德之美，在于天然形成。'懂得自然与人类活动的规律，方能以顺应自然为根本，处于虚极而自得的境界，进退屈伸自如，要归反简易，而领悟本元。"

河神说："什么叫做天道？什么叫做人为？"

海神说："牛与马天生就有四只脚，这就叫做天道；羁勒马头，贯穿牛鼻，这就叫做人为。古人说：'不要人为地做事而毁灭天性，不要有心而为毁灭天理，不要为追求虚名而丧生。谨慎守住自然本性而不丧失，这就叫做返归纯真的本性。'"

五

夔怜蚿，蚿怜蛇，蛇怜风，风怜目，目怜心。

夔谓蚿曰："吾以一足趻踔而行，予无如①矣。今子之使万足，独奈何？"

蚿曰："不然。子不见夫唾者乎？喷则大者如珠，小者如雾，杂而下者不可胜数也。今予动吾天机，而不知其所以然。"

蚿谓蛇曰："吾以众足行，而不及子之无足，何也？"

蛇曰："夫天机之所动②，何可易邪？吾安用足哉！"

蛇谓风曰："予动吾脊胁而行，则有似③也。今子蓬蓬然起于北海，蓬蓬然入于南海，而似无有，何也？"

风曰："然，予蓬蓬然起于北海而入于南海也，然而指我④则胜我，鳍我亦胜我。虽然，夫折大木，蜚⑤大屋者，唯我能也。故以众小不胜为大胜也⑥。为大胜者，唯圣人能之。"

孔子游于匡⑦，宋人围之数匝，而弦歌不惙。子路入见，曰："何夫子之娱也？"

孔子曰："来，吾语女。我讳穷久矣，而不免，命也！求通久矣，而不得，时也！当尧、舜而天下无穷人，非知得也；当桀、纣而天下无通人，非知失也：时势适然。夫水行不避蛟龙者，渔父之勇也；陆行不避兕虎者，猎夫之勇也；白刃交于前，视死若生者，烈士之勇也；知穷之有命，知通之有时，临大难而不惧者，圣人之勇也。由，处矣！吾命有所制矣！"

无几何，将甲者进⑧，辞曰："以为阳虎也，故围之。今非也，请辞而退。"

【注释】

① 予无如：谓我不如你。

② 动：行动，行走。

③ 有似：谓像是在行走。

④ 指我：用手指阻挡我。

⑤ 蜚：通“飞”。

⑥“故以”句：意谓所以不与众小争胜，而实无所不胜（刘凤苞说）。为大胜，谓无所不胜。

⑦ 游于匡：谓周游到卫国匡地。匡，卫国邑名。

⑧“无几何”两句：谓没有多久，率领士兵的首领走进来。将，帅，即率领；甲，指士兵。

【译文】

夔一足而羡慕马蚿多足，马蚿羡慕蛇无足而行，蛇羡慕风无形，风羡慕眼睛能明察万物，眼睛羡慕心灵能隐藏在内。

夔问马蚿说：“我用一只脚跳着行走，我不如你。现在，你使用那么多脚行走，究竟是怎样行走的呢？”

马蚿说：“不是这样。你没有看见唾沫的情景吗？唾沫喷出时大的如珠玉，小的如细雾，散杂而下，无法计算。现在我只是动用我的自然本能行走，并不知道为什么会这样。”

马蚿问蛇说：“我用好多脚行走，还不如你没有足行走得快，这是为什么呢？”

蛇说：“我依靠天然的机能行走，怎么能改变呢？我哪里要用脚行走呢！”

蛇问风说：“我启动我的脊背和两胁而行走，则还是像行走的样子。现在，你呜呜地从北海刮起，又呜呜地刮到南海，好像没有一点行迹，这是为什么呢？”

风说：“是这样。我呜呜地从北海刮起而刮到南海，然而有人用手指我，用脚踢我，就都能战胜我。虽然如此，折断大树，吹卷屋梁，只有我能做到。所以，不与众小争胜，是为了取得大的胜利。能够做到无所不胜的，只有圣人能如此。”

孔子周游到卫国匡地，卫国人把他包围数层，而孔子却照样弹琴吟唱不停下来。子路进屋拜见，说：“先生为什么这样快乐呢？”

孔子说：“过来，我告诉你。我忌讳窘困已经很久了，却不能摆脱，是命运不好啊！我追求通达已经很久了，却一直未能实现，是时运不好啊！

在尧、舜的时代，天下没有困窘不得志的人，并非因为他们智慧超群；在桀、纣的时代，天下没有通达得意的人，并非因为他们智慧低下：这是时代形势造成的。在水中行走不躲避蛟龙，是渔夫的勇敢；在陆地上行走不躲避兕与虎，是猎人的勇敢；刀剑横交眼前，视死若生，是壮烈之士的勇敢；明白困窘不得志是命运的安排，明白通达得志是时运使然，遇到大难而不惧怕，是圣人的勇敢。子路，你就安然处之吧！我的命运自有一定的限数！"

没有多久，率兵的首领走进来，表示歉意说："我们错误地以为你是阳虎，所以把你围起来。现在你既然不是阳虎，请让我表示歉意解围而去。"

六

公孙龙问于魏牟曰："龙少学先王之道[①]，长而明仁义之行；合同异，离坚白[②]；然不然，可不可；困百家之知，穷众口之辩，吾自以为至达已。今吾闻庄子之言，汒焉异之，不知论之不及与？知之弗若与？今吾无所开吾喙，敢问其方。"

公子牟隐机大息，仰天而笑曰："子独不闻夫坎井之蛙乎？谓东海之鳖曰：'吾乐与！出跳梁乎井干之上，入休乎缺甃之崖。赴水则接腋持颐，蹶泥则没足灭跗。还虷蟹与科斗，莫吾能若也。且夫擅一壑之水，而跨跱坎井之乐，此亦至矣。夫子奚不时来入观乎？'东海之鳖左足未入，而右膝已縶矣。于是逡巡而却，告之海曰：'夫千里之远，不足以举其大；千仞之高，不足以极其深。禹之时，十年九潦，而水弗为加益；汤之时，八年七旱，而崖[③]不为加损[④]。夫不为顷久推移，不以多少进退者，此亦东海之大乐也。'于是坎井之蛙闻之，适适然惊，规规然自失也。

且夫知不知是非之竟[⑤]，而犹欲观于庄子之言，是犹使蚊负山，商蚷驰河也，必不胜任矣。且夫知不知论极妙之言，而自适一时之利者，是非坎井之蛙与？且彼方跐[⑥]黄泉而登大皇[⑦]，无南无北，奭然[⑧]四解[⑨]，沦于不测[⑩]；无东无西，始于玄冥，反于大通。子乃规规然而求之以察，索之以辩，是直用管窥天，用锥指地也，不亦小乎？

子往矣！且子独不闻夫寿陵馀子之学行于邯郸与？未得国能，又失其故行矣，直匍匐而归耳。今子不去，将忘子之故，失子之业。”

公孙龙口呿[11]而不合，舌举而不下，乃逸而走。

【注释】

① 先王之道：谓尧、舜、禹、汤等的主张。

② “合同异”两句：意味持同异相合，坚白相离之论。

③ 崖：海岸，指水位。

④ 加损：降低。

⑤ 竟：境界，界限。

⑥ 跐(cǐ)：蹈，踏。

⑦ 大皇：皇天。

⑧ 奭(shì)然：犹“释然”，消散的样子。

⑨ 四解：四达，即四面畅通。

⑩ 沦于不测：意谓其智隐没，不可测量。

⑪ 呿(qū)：口张开的样子。

【译文】

公孙龙问魏牟说：“我少年时代学习先王的主张，长大后懂得仁义道德；持同异相合、坚白相离之论；能把不是说成是，不可说成可；使百家的智士感到困惑，使众多善辩之人感到理屈词穷，我自认为自己是最通达的了。现在我听到庄子的言论，感到茫然怪异，无所适从。不知道是我的辩论才能不及他呢，还是我的智慧不如他呢？现在我已经无法开口了，请问这是什么道理。”

公子牟倚靠几案长叹了一口气，仰面朝天而笑说：“你难道没有听说浅井中的青蛙吗？它对东海里的鳖说：‘我太快乐啦！出来玩耍腾跳在井栏上，进去休息在破损的井壁边。跳进水中，水便托住我的两腋和面颊；踏进泥中，烂泥就会淹没我们的脚背。回顾水中的孑孓、小蟹与蝌蚪，都不能像我这样快乐。我独占一坑之水，而盘踞浅井的快乐，这也算得上是最大的快乐了。你为什么不经常到井中看看呢？’东海的大鳖左脚尚未进到井里，而右膝已经被井口绊住。于是小心地把腿退出井口，把大海的情状告诉井蛙:'说大海辽阔深邃有千里之远,不足以形容它的博大;说有八千尺的高度,不能够量尽它的渊深。夏禹的时代,十年有九年发生洪涝,海水并没有因此增加;商汤的时代,八年有七年旱灾,海水的水位并未因此而降低。不随着时间的推移而发生变化,不因为雨量多少而水位升降,这也就是东海的最大快乐。'于是浅井中的青蛙听到这番话,便惊恐不安,茫然不知所措。你的智慧尚且不能明白是非的界限,而竟想观察庄子的至理之言,这就好像驱使蚊虫背负山丘,马蚿虫过河一样,必然是不能胜任的。你的智慧尚且不能谈论精妙的理论,自己却满足于一时口舌上的胜利,这不就像浅井之蛙一样吗?庄子的学说正可以俯蹈黄泉之下,仰登苍天之上,无论南北,四面畅达,不可测量;无论东西,原始于天地未分的混沌状态,返归于无所不通的大道。你却不辞辛苦地用洞察万物的眼光去探求它,用雄辩争胜的尺度去求索它,你这就像是用竹管窥视苍天,用铁锥尖测量大地,不是太渺小了吗?你离开这里吧!你难道没有听说燕国寿陵的少年到邯郸学步的故事吗?没有学到邯郸人的步法,却忘掉自己原来走路的步法,只能爬着回到燕国去。现在你不快点走开,将会忘掉你原来的学业。"公孙龙张开嘴合拢不上,翘着的舌头放不下来,逃遁而去。

七

庄子钓于濮水[①]。楚王使大夫二人往先[②]焉,曰:"愿以境内累矣!"

庄子持竿不顾,曰:"吾闻楚有神龟[③],死已三千岁矣。王巾笥[④]而藏之庙堂之上。此龟者,宁其死为留骨而贵乎?宁其生而曳尾于涂中乎?"

二大夫曰:"宁生而曳尾于涂中。"

庄子曰:"往矣!吾将曳尾于涂中。"

惠子相梁,庄子往见之[⑤]。或谓惠子曰:"庄子来,欲代子相。"于是惠子恐,搜于国中三日三夜。

庄子往见之,曰:"南方有鸟,其名为鹓鸰[⑥],子知之乎?夫鹓鸰,发于南海[7]而飞于北海，非梧桐不止，非练实不食，非醴泉不饮[8]。于是鸱得腐鼠，鹓鹐过之，仰而视之曰：'吓！'今子欲以子之梁国而吓我邪？"

庄子与惠子游于濠[9]梁之上。庄子曰："鲦鱼[10]出游从容，是鱼之乐也。"

惠子曰："子非鱼，安知鱼之乐？"

庄子曰："子非我，安知我不知鱼之乐？"

惠子曰："我非子，固不知子矣；子固非鱼也，子之不知鱼之乐，全矣！"

庄子曰："请循其本。子曰'汝安知鱼乐'云者，既已知吾知之而问我，我知之濠上也。"

【注释】

① 濮水：水名，在山东濮县南。

② 楚王：楚威王。往先：意谓到那里先述其意，含有非正式而试探之意。

③ 神龟：即龟。古代人用龟壳占卜吉凶，认为非常灵验，故称为神龟。

④ 巾：缠束或覆盖用的织物。笥：盛装物品的长方形竹箱。巾、笥，在这里均作动词用。

⑤ "惠子"两句：谓惠施做了魏国的国相，庄子去看望他。惠子，惠施；相，官名，后宫之长，相当于后世的宰相。这里作动词用。

⑥ 鹓鹐(yuānchú)：凤凰之类的鸟。

⑦ 发于南海：谓从南海起飞。

⑧ "非练"两句：谓不是竹子的果实不吃，不是甜美如醴的泉水不喝。练实，竹子的果实。醴(lǐ)泉，意谓甜美的泉水。醴，甜酒。

⑨ 濠(háo)：濠水，在今安徽凤阳境内。

⑩ 鲦(tiáo)鱼：白色小鱼。

【译文】

庄子在濮水钓鱼，楚王派两位大臣先去致意，说："楚王愿将国家政务委托给你!”

庄子手持钓竿,专心钓鱼,头也不回地说:“我听说楚国有一个神龟,已经死掉三千年了。楚王把它包上巾布装在竹箱里,珍藏在庙堂中。这个龟,宁可死了留下一把骨头让人尊贵呢?还是宁愿活着而托着尾巴在泥中呢?

两位大臣说:“宁愿活着而托着尾巴在泥中。”

庄子说:“你们走吧!我将愿活着而托着尾巴在泥里爬。”

惠施做了梁国的国相,庄子去看望他。有人告诉惠施说:“庄子过来,想取代你做宰相。”于是惠施非常害怕,在都城连续寻找了三天三夜。

庄子前往看望他,说:“南方有一种鸟,它的名字叫鹓鸰,你知道吗?鹓鸰从南海起飞飞到北海去,不是梧桐树不栖息,不是竹子的果实不吃,不是甜美如醴的泉水不喝。在此时猫头鹰拾到一只腐臭的老鼠,鹓鸰从它面前飞过,猫头鹰仰头看着鹓鸰,发出‘吓’的怒斥声。现在你也想用你的梁国来怒斥我吧?”

庄子与惠施在濠水的桥上游玩。庄子说:“白鱼在河水中游得多么悠闲自得,这是鱼的快乐。”

惠施说:“你不是鱼,怎么知道鱼的快乐呢?”

庄子说:“你不是我,怎么知道我不知道鱼的快乐呢?”

惠施说:“我不是你,固然不知道你的想法;你本来就不是鱼,你不知道鱼的快乐,是可以肯定的!”

庄子说:“请返回你问我的本来之意。你说‘你哪儿知道鱼快乐’的话,说明你已经知道我知道鱼快乐才来问我的。我是在濠水的桥上知道的。”

至乐

一

天下有至乐无有哉？有可以活身[①]者无有哉？今奚为奚据？奚避奚处？奚就奚去？奚乐奚恶？

夫天下之所尊者，富贵寿善也；所乐者，身安厚味美服好色音声也；所下者，贫贱夭恶也；所苦者，身不得安逸，口不得厚味，形不得美服，目不得好色，耳不得音声。若不得者，则大忧以[②]惧，其为形也亦愚哉！

夫富者，苦身疾作，多积财而不得尽用，其为形也亦外[③]矣！夫贵者，夜以继日，思虑善否[④]，其为形也亦疏矣。人之生也，与忧俱生。寿者惛惛，久忧不死，何苦也！其为形也亦远[⑤]矣！烈士为天下见善矣，未足以活身。吾未知善之诚善邪？诚不善邪？若以为善矣，不足活身；以为不善矣，足以活人[⑥]。故曰："忠谏不听，蹲循[⑦]勿争。"故夫子胥争之，以残其形；不争，名亦不成。诚有善无有哉？

今俗之所为与其所乐，吾又未知乐之果乐邪？果不乐邪？吾观夫俗之所乐，举群趣[⑧]者，誙誙然[⑨]如将不得已，而皆曰乐者，吾未之乐也，亦未之不乐也。果有乐无有哉？吾以无为诚乐[⑩]矣，又俗之所大苦也。故曰："至乐无乐，至誉无誉。"

天下是非果未可定也。虽然，无为可以定是非。至乐活身，唯无为几[⑪]存。请尝试言之：天无为以之清，地无为以之宁。故两无为相合，万物皆化生。芒乎芴乎，而无从出乎！芴乎芒乎，而无有象[⑫]乎！万物职职[13]，皆从无为殖。故曰："天地无为也而无不为也。"人也孰能得无为哉！

【注释】

① 活身：养活身体，养身。

② 以：而。

③ 外：外行，偏颇。

④ 善否：指官场上的亨通与困厄。

⑤ 远：与"外""疏"同意，不重视、爱护不够之意。

⑥ 活人：使他人生活。

⑦ 蹲循：通"逡巡"，退却的样子。

⑧ 趣：趋，指竞相追逐。

⑨ 诬诬(jìng)然：追逐求乐的样子。

⑩ 诚乐：真正的快乐。

⑪ 几：近。

⑫ 象：迹象。

⑬ 职职：繁多的样子。

【译文】

世界上有没有最大的快乐呢？有没有用来养活身命的方法呢？现在要做什么？又有什么根据呢？要避免什么？要在什么样的环境安身呢？要接近什么？又要舍弃什么呢？应当喜欢什么？又应当厌恶什么呢？

世界上所尊崇看重的是富有、高贵、长寿和美名；所喜好的是居处安逸、饮食丰美、服装华丽、颜色悦目和音乐动听；所鄙视的是贫苦、卑贱、夭折和恶名；所痛苦的是身体得不到安逸，口腹吃不到美味，外表穿不上美服，眼睛看不到美色，耳朵听不到美声。假使不能得到，人们就会大大的忧虑和焦急，这样对待形体的做法，不也是太愚昧了！

那些富人们，劳累身体，辛勤操作，积蓄了许多的钱财，却不能够全部享用，这样的对待身体，不也是太不爱惜身体了！显贵的人，夜以继日地思虑着如何保住官运的亨通，避免危机的到来，这样的对待身体，不也是太疏忽了！人们生活就以忧患共存。长寿的人整日昏昏沉沉，长久地伴随着忧愁而活着，多么痛苦啊！这样的对待身体，不也是太疏远了！壮烈之士被天下的人所称善，却不能保住自己的性命，我不知道这种善是真的善呢？还是真的不善呢？如果以此为善，这“善”却不能保住自己的性命；如果以此为不善，却足以使人存活。所以说：“忠言不被采纳，闭口退步不争。”所以伍子胥力争而被残杀，如果伍子胥不谏诤，也不会成名。如此看来，到底有没有真正的完善呢？

现在世俗间所追求的和所认为快乐的，我并不知道这种快乐是果真快乐呢？还是果真不快乐呢？我体察世俗所认为快乐的，大家竞相追逐，那种兴致高亢的样子，好像无法平静下来，他们都认可的快乐，我不知道是快乐，也不知道是不快乐。到底有没有快乐呢？我认为无为才是真正的快乐，而世俗之人却认为那是最大的痛苦。所以说：“最大的快乐是没有快乐，最大的荣誉是没有荣誉。”

天下的是非果真是无法确定的，虽然如此，无为虚寂的态度还是可以解决是非的问题。至乐能够养活性命，只有无为能够让至乐存留。请让我说说这个道理：天因其无为而清明，地因其无为而宁静。天与地两个无为相合和，万物皆能发育生长。恍恍惚惚，不知从什么地方而出；惚惚恍恍，没有留下一点迹象！万物繁多，皆从无为的自然中生息。所以说：“天地无为而无不为。”世俗之人谁能够做到无为呢！

二

颜渊东之齐，孔子有忧色。子贡下席而问曰：“小子敢问：回东之齐，夫子有忧色，何邪？”

孔子曰：“善哉汝问。昔者管子有言，丘甚善之，曰：‘褚[①]小者不可以怀[②]大，绠短者不可以汲深。’夫若是者，以为命有所成而形有所适也，夫不可损益。吾恐回与齐侯言尧、舜、黄帝之道，而重[③]以燧人、神农之言。彼将内求于己[④]而不得，不得则惑，人惑则死。

且女独不闻邪？昔者海鸟止于鲁郊，鲁侯御[⑤]而觞[⑥]之于庙，奏《九韶》[⑦]以为乐，具太牢[⑧]以为膳。鸟乃眩视[⑨]忧悲，不敢食一脔，不敢饮一杯，三日而死。此以己养养鸟也，非以鸟养养鸟也。夫以鸟养养鸟者，宜栖之深林，游之坛陆[10]，浮之江湖，食之鳝鲦，随行列而止，委蛇[11]而处。彼[12]唯人言[13]之恶闻，奚以夫谚谚[14]为乎？《咸池》《九韶》之乐，张[15]之洞庭之野[16]，鸟闻之而飞，兽闻之而走，鱼闻之而下入，人卒闻之，相与还[17]而观之。鱼处水而生，人处水而死。彼必相与异，其好恶故异也。故先圣不一其能，不同其事。名止于实，义设于适，是之谓条达而福持。”

【注释】

① 褚(zhǔ)：装衣服的袋子。

② 怀：包。

③ 重：重视，推崇。

④ 内求于己：指用三皇五帝的言论主张来要求自己。

⑤ 御：迎。

⑥ 觞(shāng)：酒杯，用作动词，谓以酒招待。

⑦《九韶》：舜时乐曲，往往在庆典国宴中演奏。

⑧ 太牢：古代帝王祭祀时，牛羊猪三牲都具备的称为太牢。

⑨ 眩视：指眼花缭乱。

⑩ 坛陆：沙洲。

⑪ 委蛇：从容自得的样子。

⑫ 彼：指海鸟。

⑬ 人言：人说话的声音。

⑭ 谚谚(náo)：指嘈杂的音乐。

⑮ 张：铺张，陈设，指演奏。

⑯ 洞庭之野：即广漠之野。

⑰ 还：通“环”，环绕。

【译文】

颜渊到东边的齐国去，孔子脸上流露出忧愁的样子。子贡离开座位，向前问道：“学生冒昧地请问：颜回东往齐国，而先生面有忧色，这是什么原因呢？”

孔子说：“你问得很好。从前管子说过一句话，我很欣赏，他说：‘小袋子装不下大东西，短井绳提不来深井水。’如此说来，正是认为性命各有它形成的道理，而形体各有它相适宜的地方，都是不可以随意改变的。我担心颜回向齐侯宣讲尧、舜、黄帝的主张，又推崇燧人氏和神农氏的言论。而齐侯必将内求于自身却不能领悟，办不到便会产生怀疑，被人怀疑的人就要面临死亡的危险了。

再说你就没有听说过这个故事吗？从前有一只海鸟飞到了鲁国都城郊外栖息，鲁侯为了欢迎它，还在宗庙里摆酒款待它，演奏舜帝时的《九韶》作为宴会音乐，准备了古代帝王祭祀时才使用牛、羊、猪作为宴会的食品。这时海鸟眼花缭乱，忧愁伤悲，不敢吃一片肉，不敢饮一口酒，过了三天就死了。这是用自己的习性去养鸟，不是用养鸟的方法去养鸟。用有利于鸟的养护的方法去养鸟的话，应当让海鸟栖息在深林之中，游荡在沙洲之上，飘浮在江湖之中，吃的是泥鳅和小鱼，随着鸟群的行列而息止，从容自在的生活安处。海鸟就怕听到人的说话声，又为什么弄得那么喧闹嘈杂呢？像《咸池》《九韶》这样的帝王音乐，在广漠的原野上演奏，鸟儿听到了腾飞，野兽听到了逃走，鱼儿听到了便潜入水中，众人听到了就都围观。鱼儿待在水里就能生存，人待在水里便会淹死。他们必定是相互不同的，他们的喜好和厌恶所以也不同。所以先代的圣人不求人的才能一样，不求都做相同的事情。名称要符合实际，义理的设置要适合人们的生活习性，这就叫做道理通达而福德能够保持。”

山木

一

庄子行于山中，见大木，枝叶盛茂，伐木者止其旁而不取[①]也。问其故，曰："无所可用。"庄子曰："此木以不材得终其天年。"

夫子出于山，舍于故人之家。故人喜，命竖子[②]杀雁[③]而烹之。竖子请曰："其一能鸣，其一不能鸣，请奚杀？"主人曰："杀不能鸣者。"

明日，弟子问于庄子曰："昨日山中之木，以不材得终其天年；今主人之雁，以不材死。先生将何处？"

庄子笑曰："周将处乎材与不材之间。材与不材之间，似之而非也，故未免乎累。若夫乘道德而浮游则不然。无誉无訾[④]，一龙一蛇，与时俱化，而无肯专为。一上一下[⑤]，以和为量，浮游乎万物之祖。物物而不物于物，则胡可得而累邪！此神农、黄帝之法则也。若夫万物之情，人伦之传则不然，合则离，成则毁，廉则挫，尊则议，有为则亏，贤则谋，不肖则欺[⑥]。胡可得而必乎哉！悲夫，弟子志之，其唯道德之乡[⑦]乎！"

【注释】

① 不取：不砍伐。

② 竖子：童仆。

③ 雁：鹅。

④ 訾(zǐ):诽谤、非议。

⑤ 一上一下:谓上下飞潜。

⑥ 不肖则欺:谓愚笨就会遭受凌辱。之前六句谓有材之患,“不肖”句谓不材之患。

⑦ 乡:通“向”,归向。

【译文】

庄子在山中行走,见到一棵大树,枝繁叶茂,伐木工人停在旁边却不去砍伐。问他原因,回答说:“没有什么用处。”庄子说:“这棵树因为不成材得以终其自然寿命。”

庄子从山中走出,在老朋友家歇息。友人很高兴,命童仆杀鹅招待客人。童仆请示说:“有一只鹅能鸣叫,有一只不能鸣叫,请问杀哪一只?”主人说:杀那只不会鸣叫的。”

第二天,弟子问庄子说:“昨天山上的大树,因为不成材得以终其自然寿命;今天主人之鹅,却因不能鸣叫而被杀。先生将处于哪种情景呢?”

庄子笑着说:“我将处在成材与不成材之间。成材与不成材之间,好像与大道相近,其实不然,所以仍不能免于受牵累。至于顺乎自然而茫然无心之漫游那就大不一样了,那时既无赞誉也无毁谤,或如龙之显现,或如蛇之潜藏,随时变化,而不偏执一端。上上下下随意飞腾与潜伏,以顺应自然本性为准则,茫然无心漫游于未曾有物的虚空之中。主宰万物而不为物所役使,这样哪里会受到牵累呢!这就是神农、黄帝遵循之法则。至于万物之情理,人世伦理之传习就不是这样,有聚合必然有分离,有成功必然有毁弃,刚直则易受挫伤,尊贵则易遭非议,有作为就有亏缺,贤能就遭暗算,没出息的人就会遭受欺侮。怎么可能一定不受牵累呢!可悲呀,弟子们记住,只有进入清静无为的大道境界才能不受牵累。”

二

市南宜僚[①]见鲁侯,鲁侯有忧色。市南子曰:“君有忧色,何也?”

鲁侯曰:“吾学先王之道,修先君之业;吾敬鬼尊贤,亲而行之,无须臾居；然不免于患，吾是以忧。”

市南子曰：“君之除患之术浅矣！夫丰狐文豹，栖于山林，伏于岩穴，静也；夜行昼居，戒也；虽饥渴隐约，犹且胥疏于江湖之上而求食焉，定也；然且不免于罔[2]罗机辟之患。是何罪之有哉？其皮为之灾也。今鲁国独非君之皮邪？吾愿君刳形去皮，洒心去欲，而游于无人之野。南越有邑焉，名为建德之国。其民愚而朴，少私而寡欲；知作而不知藏，与而不求其报；不知义之所适，不知礼之所将；猖狂妄行，乃蹈乎大方；其生可乐，其死可葬。吾愿君去国捐俗，与道相辅而行。”

君曰：“彼其道远而险，又有江山，我无舟车，奈何？”

市南子曰：“君无[3]形倨[4]，无留居，以为君车。”

君曰：“彼其道幽远而无人，吾谁与为邻？吾无粮，我无食，安得而至焉？”

市南子曰：“少君之费，寡君之欲，虽无粮而乃足。君其涉江而浮海，望之而不见其崖，愈往而不知其所穷。送君者皆自崖而反，君自此远矣！故有人者累，见有于人者忧。故尧非有人，非见有于人也。吾愿去君之累，除君之忧，而独与道游于大莫之国。方舟而流于河，有虚船来触舟，虽有惼[5]心之人不怒。有一人在其上，则呼张之歙之；一呼而不闻，再呼而不闻，于是三呼邪，则必以恶声随之。向也不怒而今也怒，向也虚而今也实[6]。人能虚己以游世，其孰能害之！”

【注释】

① 市南宜僚：姓熊，名宜僚，楚国人，家住市南。

② 罔：通“网”。

③ 无：通“毋”，不要。

④ 倨（jù）：傲慢。

⑤ 惼（biǎn）：心胸狭隘。

⑥ “向也”两句：谓刚才不发怒，而现在发怒，是因为当时船上无人而现在有人。向，刚才；实，指船上有人。

【译文】

市南宜僚拜见鲁侯,见鲁侯面有忧色。市南宜僚说:“国君面有忧色,这是为什么呢?”

鲁侯说:“我学习先王之道,遵循先君的功业;我敬奉鬼神,尊重贤能,身体力行,未曾片刻背离,还不能避免祸患,我因此而忧虑。”

市南宜僚说:“您免除祸患方法过于简单了!皮毛厚实的狐狸和花纹美丽的豹子,栖息于深林之中,隐伏在岩洞之内,这够沉静的了;夜里出来,白天隐居,多么警惕;虽然饥渴困穷,尚且小心翼翼地到人迹罕至的江湖边上去觅食,多么谨慎。然而还是不能避免陷进罗网机关之中,它们有什么过错吗?那是珍贵皮毛带来的灾祸啊!现在整个鲁国不正是你的皮吗?我希望你能忘国也忘身,洗涤心灵,去除物欲,遨游于没有人的旷野。南越有个城邑,名字叫建德之国。那里的人民愚昧而质朴,少私心而寡情欲;只知劳作而不知私藏,帮助别人但不求报答;不知什么是义,也不知什么是礼。随心所欲不加约束而行,就能合于大道。他们活着适性快乐,死后安然归葬。我愿君舍弃鲁国君位,抛开世俗观念,与大道同游。”

鲁君说:“去那里路途遥远而艰险,又有江山阻隔,我没有舟车,怎么去呢?”

市南宜僚说:“君能不凭借地位傲视于人,也不偏守一隅,这就可以作为国君通往大道的车子。”

鲁侯说:“到那里道路幽远而没有人民,我与谁相伴?我没有干粮,没有食品供给,怎么能到达那里呢?”

市南宜僚说:“减少您的花费,节制您的欲求,即使无粮也够了。君将渡过江河,浮游大海,一眼望去不见边际,愈往前行而愈不知道它的尽头。护送您的人都从岸边返回,您从此远离了!所以役用别人的就有累患,被人役用的就有忧患。所以尧既不役使他人,也不为他人所役使。我希望去掉您的牵累,除去您的忧愁,而只与大道漫游于广漠空虚之境。两船并行渡河,有空船来冲撞自家之船,即使是心地狭窄的人也不会发怒。如果有一个人在船上,就一定要呼喊他撑开或并拢过来。一次呼喊没听到,再次呼喊没听到,于是三次呼喊,就一定会辱骂起来。起先不怒而今恼怒,因为起先是空船,而今是有人在上面的缘故。如果人能像空船一样在世上漫游,谁还能伤害他呢!”

三

北宫奢[1]为卫灵公赋敛以为钟，为坛乎郭门之外，三月而成上下之县[2]。

王子庆忌[3]见而问焉，曰："子何术之设？"

奢曰："一之间，无敢设也。奢闻之：'既雕既琢，复归于朴。'侗[4]乎其无识，傥乎其怠疑；萃乎芒乎，其送往而迎来；来者勿禁，往者勿止；从其强梁，随其曲傅，因其自穷，故朝夕赋敛而毫毛不挫，而况有大涂者乎！"

【注释】

① 北宫奢：卫国大夫，名奢，居北宫，因以为号。

② 县：通"悬"，钟架。

③ 王子庆忌：即吴王僚的儿子。

④ 侗（tóng）：愚昧的样子。

【译文】

北宫奢为卫灵公募集费用铸造编钟，先在外城门外设了祭坛，三个月后上下两层的钟架建成。

王子庆忌相见时问及此事，说："你使用了什么方法呀？"

北宫奢说："专心一致的编钟，不敢使用其他人为的办法。我听说：'既雕刻又琢磨，才能复归于质朴。'我造钟的时候，愚昧而无心无知，淡漠无心而又呆滞，精神恍惚，茫然不识，任百姓自由来去相助；来的人不拒绝，去的人也不挽留。不愿意捐献的任他自去，那些不赞助的人也随其自由，任百姓自尽其力而不勉强。所以天天从早到晚募集民财，而人民不会受到丝毫挫伤，更何况是有道之人呢！"

四

孔子围于陈、蔡之间，七日不火食。

大公任[①]往吊之曰："子几死乎？"曰："然。"

"子恶死乎？"曰："然。"

任曰："予尝言不死之道。东海有鸟焉，其名为意怠。其为鸟也，翂翂翐翐[②]，而似无能；引援而飞，迫胁而栖；进不敢为前，退不敢为后；食不敢先尝，必取其绪。是故其行列不斥，而外人卒不得害，是以免于患。直木先伐，甘井先竭。子其意者饰知以惊愚，修身以明污，昭昭乎如揭日月而行，故不免也。昔吾闻之大成之人曰：'自伐者无功，功成者堕，名成者亏。'孰能去功与名而还与众人！道流而不明居，得[③]行而不名[④]处；纯纯常常，乃比于狂；削迹捐势，不为功名。是故无责于人，人亦无责焉。至人不闻，子何喜哉？"

孔子曰："善哉！"辞其交游，去其弟子，逃于大泽；衣裘褐，食杼[⑤]栗；入兽不乱群，入鸟不乱行。鸟兽不恶，而况人乎！

【注释】

① 大公任：作者虚构的人物。

② 翂(fēn)翂翐(zhì)翐：迟缓不能高飞的样子。

③ 得：通"德"。

④ 名：通"明"。

⑤ 杼(zhù)：即橡子，似栗而小。

【译文】

孔子一行被围困在陈国与蔡国之间，七天没有开火做饭。

太公任前往慰问，说："先生快要饿死了吧？"回答说："是啊。"

又问："您厌恶死吗？"回答说："是的。"

太公任说："我尝试着说说不死之道。东海上有一种鸟，它的名字叫意怠。这种鸟飞行缓慢，好像没有什么力气的样子；要别的鸟引导协助而后起飞，与众鸟拥挤在一起栖息；前进时不敢在前面，后退时不敢落在后面；吃东西不敢先尝，只吃剩余的食物。所以在行列中不被排斥，而外人也终不能伤害它，所以得免于祸患。直的树木先被砍伐，甘美的水井先枯竭。您用心于修饰己智以惊醒愚俗，修养自身来显露别人卑污，光明显赫的样子好像举着日月行走，所以不免于患难。我曾经听有大成的人说：'自我夸耀的人没有功绩，功成不推让必然招来毁败，名声显赫必然招来诋毁。'谁能舍弃功名而退还给众人呢！大道变化流行而不夸耀自居，德成于身而不自求声名；内心纯一而行为恒常，就像随心所欲任性而行人；除去形迹，抛弃权势，不追求功名。所以无求全于人，人亦不求全于我。至人不求闻名于世，您又何必喜好闻名于世呢！"

孔子说："说得好啊！"于是辞别朋友，离开弟子，逃往旷野之中，穿粗布衣服，食橡栗野果，走入兽群不会惊扰兽群，走入鸟群不会惊扰鸟的行列。鸟兽都不厌恶他，何况是人呢！

五

孔子问子桑雽[①]曰："吾再逐于鲁，伐树于宋，削迹于卫，穷于商周，围于陈蔡之间。吾犯此数患，亲交益疏，徒友益散，何与？"

子桑雽曰："子独不闻殷人之亡与？林回[②]弃千金之璧，负赤子[③]而趋。或曰：'为其布与？赤子之布寡矣；为其累与？赤子之累多矣：弃千金之璧，负赤子而趋，何也？'林回曰：'彼以利合。此以天属也。'夫以利合者，迫穷祸患害相弃也；以天属者，迫穷祸患害相收也。夫相收与相弃亦远矣。且君子之交淡如水，小人之交甘若醴。君子淡以亲，小人甘以绝。彼无故以合者，则无故以离。"

孔子曰："敬闻命矣！"徐行翔佯而归，绝学捐书，弟子无挹[④]于前，其爱益加进。

异日，桑雽又曰："舜之将死，乃命禹曰：'汝戒之哉！形莫若缘，情莫若率。缘则不离，率则不劳；不离不劳，则不求文以待形；不求文以待形，固[⑤]不待物。'"

【注释】

① 子桑雽(hù)：姓桑，名雽，隐士。

② 林回：假国的逃亡者。

③ 赤子：初生的婴儿。

④ 挹(yì)：揖让。

⑤ 固：通"故"。

【译文】

孔子问子桑雽说："我再次被鲁国驱逐，在宋国受到伐树的屈辱，在卫国被拒绝入境，在商周没有出路，在陈、蔡之间受围困。我遭遇这么多次患难，亲朋老友愈加疏远，学生和朋友不断散去，为什么会这样？"

于桑雽说："您难道没有听说假国人逃亡之事吗？有一个叫林回的人放弃价值千金的玉璧，而背负着婴儿逃走。有人说：'是为钱吧？小孩子值钱很少；为了怕沉重吗？小孩子又比玉璧重得多。舍弃价值千金的玉璧，背负婴儿逃难，这是为什么呢？'林回说：'我与玉璧相遇不过是利益的结合，我与婴儿却是天性相连。'与利益的结合，在灾难降临的时候就会互相遗弃；与天性的相连，在灾难降临的时候就会互相容纳。互相遗弃与互相容纳就相差得很远了。而且君子之交清淡如水，小人之交甘甜若米酒。君子之交虽清淡而易相亲。小人之交虽甘甜，却易断绝。凡是无缘无故连接起来的，也会无缘无故地分离。"

孔子说："我诚心地接受你的指导。"于是慢悠悠地回去，弃绝了学业，抛弃了书本，弟子们也无须行揖让之礼，而对先生的敬爱之心反而增加了。

有一天，子桑雽又说："舜快要死的时候，告诫禹说：'要审慎啊！形体莫如顺从自然，情感莫如顺从本性；顺应自然，行为就不会背离，顺从本性，精神就不会疲劳；不背离不疲劳，也就无须礼义来修饰形体了；不用礼义来修饰形体，也就对外物无所求了。'"

六

庄子衣大布而补之，正緳[1]系履而过魏王。魏王曰："何先生之惫邪？"

庄子曰："贫也，非惫也。士有道德不能行，惫也；衣弊履穿，贫也，非惫也，此所谓非遭时也。王独不见夫腾猿乎？其得柟梓豫章[2]也，揽蔓其枝而王长其间，虽羿、蓬蒙[3]不能眄睨[4]也。及其得柘棘枳枸[5]之间也，危行侧视，振动悼栗，此筋骨非有加急而不柔也，处势不便，未足以逞其能也！今处昏上乱相之间而欲无惫，奚可得邪？此比干之见剖心，征也夫！"

【注释】

① 緳（xié）：通"絜"，麻绳。

② 柟梓豫章：皆为高直乔木。

③ 羿：古代神射手。蓬蒙：后羿的学生。

④ 眄睨（miǎnnì）：斜视的样子。

⑤ 柘棘枳枸：皆为带刺的灌木。

【译文】

庄子穿着带补丁的粗布衣服，用麻绳捆着破鞋拜访魏王。魏王说："先生你怎么这么疲惫啊？"

庄子说："是贫穷，而非疲惫。读书人有理想而不能施行，这是疲惫；穿破衣服破鞋子，是贫穷，而非疲惫，这就是所谓的生不逢时。大王难道没有见过跳跃的猿猴吗？它们在柟、梓、豫章这样的乔木林中，攀揽树枝好像林中之王，在那里自得其乐，即使是后羿、逢蒙这样的神射手也不能加害它们。可是到了像柘、棘、枳、枸这样的带刺的灌木丛中，便小心而行，内心充满恐惧，这不是因为它们筋骨紧缩而不灵活了，而是因为处在不利的形势下，无法施展本领罢了！现在处于昏君而乱臣辈出的时代，想不疲惫，怎么可能呢？比干被剖心不就是显明的明证吗！"

七

孔子穷于陈、蔡之间，七日不火食，左据槁木，右击槁枝，而歌焱氏[①]之风，有其具而无其数，有其声而无宫角，木声与人声，犁然有当于人之心。

颜回端拱还[②]目而窥之。仲尼恐其广己而造大也，爱己而造哀也，曰："回，无受天损易，无受人益难。无始而非卒也，人与天一也[③]。夫今之歌者其谁乎？"

回曰："敢问无受天损易。"

仲尼曰："饥渴寒暑，穷桎不行，天地之行也，运物之泄也，言与之偕逝之谓也。为人臣者，不敢去之。执臣之道犹若是，而况乎所以待天乎！"

"何谓无受人益难？"

仲尼曰："始用四达，爵禄并至而不穷，物之所利，乃非己也，吾命[④]有在外者也。君子不为盗，贤人不为窃。吾若取之，何哉！故曰，鸟莫知于鷾鸸[⑤]，目之所不宜处，不给视，虽落其实，弃之而走。其畏人也，而袭诸人间，社稷存焉尔。"

"何谓无始而非卒？"

仲尼曰："化其万物而不知其禅之者，焉知其所终？焉知其所始？正面待之而已耳。"

"何谓人与天一邪？"

仲尼曰："有人，天也；有天，亦天也。人之不能有天，性也，圣人晏然体逝而终矣！"

【注释】

① 焱氏：即焱氏，神农。

② 还：通"旋"，旋转。

③ 人与天一也：谓人与自然是一致的。亦即天与人是合一的。

④ 命：机遇。

⑤ 鷾鸸（yì ér）：燕子。

【译文】

孔子一行被困在陈国和蔡国交界的地方，七天没有生火做饭。孔子左臂依靠着枯树，右手以枯枝击节，唱起神农氏时代的歌谣，虽有击节之具但不合节奏，虽有声音但不合音律。听了敲木之声与歌唱之声，却使人心中舒畅。

颜回端正恭敬地站着，转眼看着孔子。孔子担心他把自己的道德看得过高而刻意彰显自己，以至于自大；由于受困而过分怜悯自己，以至于哀痛过度，就说："颜回呀，不受天的损害容易，不受外人的利禄称誉就难了。没有哪个起点不是终点的，人和自然是一样的。谁知今日唱歌者又是谁呢？"

颜回说："请问什么叫做不受天的损害容易？"

孔子说："饥渴寒暑侵袭，困穷滞碍不能通达，这是天地之运行，万物的迁移，就是说要与天地万物运动变化相和谐就是了。作为人臣，不敢违背君命。执守臣之道尚都能这样，而何况以此对待天道呢！"

颜回又问："什么叫不受人的利禄称誉难？"

孔子说："开始进入社会就四面八方无不通达，官爵俸禄连接不断。这些外物带来的利益，并不是属于自己的，不过是我的气数偶然与外物的利益相遇罢了。君子不做强盗，贤人不做窃贼，我要取用别人的东西，怎么可以呢？所以说：鸟没有比燕子更聪明的了，眼睛看到不适宜停留的地方，不再多看一眼，即使失落了口中的食物，也只好放弃而飞走。它们害怕人，却又入人之宅，只是寄居筑巢罢了。"

颜回又问："什么叫没有哪个起点不是终点？"

孔子说："万物生灭变化无穷而不知如何相互更代，哪里知道它的终点？哪里知道它的起点？顺其自然的变化就是了。"

颜回又问："什么叫人与天是同一的？"

孔子说："人是依据自然之道而产生出来的；有天道变化，亦出于自然。人不能支配天道，这是其本性决定的。只有圣人能够安然体悟天道常行不息之性，而终养天年。"

八

庄周游于雕陵[①]之樊，睹一异鹊自南方来者。翼广七尺，目大运寸，感周之颡，而集于栗林。庄周曰："此何鸟哉！翼殷不逝，目大不睹。"蹇裳躩步[②]，执弹而留之。睹一蝉方得美荫而忘其身。螳螂执翳而搏之，见得而忘其形。异鹊从而利之，见利而忘其真。庄周怵然曰："噫！物固相累，二类相召也！"捐弹而反走，虞人[③]逐而谇[④]之。

庄周反入，三日不庭。蔺且[⑤]从而问之："夫子何为顷间甚不庭乎？"

庄周曰："吾守形而忘身，观于浊水而迷于清渊。且吾闻诸夫子曰：'入其俗，从其俗。'今吾游于雕陵而忘吾身，异鹊感吾颡，游于栗林而忘真，栗林虞人以吾为戮[⑥]，吾所以不庭也。"

【注释】

① 雕陵：山丘名。

② 躩(jué)步：快步走。

③ 虞人：掌管山泽之人。

④ 谇(suì)：责问。

⑤ 蔺且(jū)：庄子弟子。

⑥ 戮：侮辱。

【译文】

庄子在雕陵那里游玩，看见一只奇异的鹊鸟从南边飞来，翅膀长有七尺，眼睛的直径有一寸长，从庄周之额前飞过，而落在栗树林中。庄周说："这是什么鸟啊！翅膀大却不能远飞，眼睛大但看不见人。"于是提起衣服，快步走过去，拿着弹弓站立，伺机发弹。这时看到一只蝉正在浓密树荫下，而忘记自身的危险；螳螂躲在树叶后伺机捕蝉，它看见有所得而忘记自身的危险；奇异之鹊随之而从中得利，看见利益而忘记自己的真性。庄周惊惧警惕说："啊！物类本来是相互牵累，它们辗转招引啊。"于是丢下弹弓返身跑回去，看管园子的人以为他偷了栗子，在后面追赶责骂。

庄周返回家中，接连三日不愉快。蔺且问道："先生近来为什么很不快活呀？"

庄周说："我往日只知道保全形体，却忘记了自身；只看见浑浊的水却忘记了清渊。而且我听先生说：'到一个地方，就要随从那里的风俗。'现在我在雕陵中游玩却忘了自身，让鹊鸟掠过我的前额；游于栗林而忘记真性，让栗林的看守人因而责骂我，所以我不愉快呀。"

九

阳子[1]之宋，宿于逆旅[2]。逆旅人有妾二人，其一人美，其一人恶。恶者贵而美者贱。阳子问其故，逆旅小子对曰："其美者自美，吾不知其美也；其恶者自恶，吾不知其恶也。"

阳子曰："弟子记之：行贤而去自贤之行，安往而不爱哉！"

【注释】

① 阳子：即杨朱，战国魏人。

② 逆旅：旅舍。

【译文】

阳朱去宋国，寄宿在旅店里。旅店主人有两个小妾，其中一个漂亮，一个丑陋。可是丑陋的被尊宠，漂亮的被轻视。阳子问这是什么缘故，旅舍的主人回答说："那个漂亮的自以为很漂亮，我却不知她哪儿漂亮；那个丑陋的自以为丑陋，我却不知她哪儿丑陋。"

阳子说："弟子们记住，品行贤德而又能去掉自以为贤的想法，到哪里会不受爱戴呢！"

田子方

一

田子方[1]侍坐于魏文侯，数称谿工[2]。

文侯曰："谿工，子之师邪？"

子方曰："非也，无择之里人也。称道[3]数当[4]，故无择称之。"

文侯曰："然则子无师邪？"

子方曰："有。"

曰："子之师谁邪？"

子方曰："东郭顺子[5]。"

文侯曰："然则夫子何故未尝称之？"

子方曰："其为人也真，人貌[6]而天虚[7]，缘而葆真[8]，清而容物。物无道，正容[9]以悟之，使人之意也消。无择何足以称之！"

子方出，文侯傥然[10]，终日不言，召前立臣而语之曰："远矣，全德之君子！始吾以圣知之言、仁义之行为至矣。吾闻子方之师，吾形解[11]而不欲动，口钳而不欲言。吾所学者，直土埂[12]耳！夫魏真为我累耳！"

【注释】

① 田子方：姓田，名无择，字子方，魏国人。

② 谿(xī)工：姓谿，名工，魏国贤人。

③ 称道：言说伦理。

④ 数当：往往恰当。

⑤ 东郭顺子：虚拟人物，田子方之师。

⑥ 人貌：外表如同常人。

⑦ 天虚：天心，内心与自然契合。虚，心。

⑧ 缘而葆真：谓顺应自然而保持真性。

⑨ 正容：自正容仪，端正自己。

⑩ 傥(tǎng)然：自失的样子。

⑪ 形解：形体解散。

⑫ 土埂：土人，土偶。喻粗陋无用。

【译文】

田子方陪坐在魏文侯的旁边，多次称赞谿工。

魏文侯说："谿工，他是你的老师吗？"

田子方说："不是，他是我的同乡。他讲说大道常常恰当在理，所以我常称赞他。"

魏文侯说："那么你没有老师吗？"

田子方说："有。"

魏文侯说："你的老师是谁呢？"

田子方说："东郭顺子。"

魏文侯说："那么先生为什么没有称赞过他？"

田子方说："他为人纯真，外貌虽如常人，而内心却如自然一样清虚，一切随顺自然而保持真性，心境清静而能包容万物。人与事不合正道，他便首先端正自己，以此让人开悟，使别人的邪念自然消除。我不知道怎样来称赞他呢？"

田子方走后，魏文侯怅然自失，整天不说话，把站在面前的臣子招来，告诉他们说："真是深远啊，一个道德完备的君子！起初我以为圣智的言论、仁义的行为，已经达到极致了。当我听到了田子方老师的情况，我的身体松散不想动，嘴巴就像被钳住一样不想开口。我原来所学的东西，简直像土偶人一样粗陋啊！那魏国真成了我的累赘啊！"

二

肩吾①问于孙叔敖②曰："子三为令尹③而不荣华，三去之④而无忧色。吾始也疑子,今视子之鼻间栩栩然[5],子之用心独奈何?"

孙叔敖曰:"吾何以过人哉!吾以其来不可却也,其去不可止也。吾以为得失之非我也,而无忧色而已矣。我何以过人哉!且不知其在彼乎,其在我乎?其在彼邪,亡乎我[6];在我邪,亡乎彼。方将踌躇[7],方将四顾,何暇至乎人贵人贱哉!"

仲尼闻之曰:"古之真人,知者不得说[8],美人不得滥[9],盗人不得劫,伏戏[10]、黄帝不得友。死生亦大矣,而无变乎己,况爵禄乎!若然者,其神经乎大山[11]而无介[12],入乎渊泉而不濡[13],处卑细而不惫。充满天地,既以与人,己愈有。"

【注释】

① 肩吾:虚拟人物。

② 孙叔敖:曾任楚庄王相。

③ 令尹:在楚国掌握国家军政大权的官职,相当于宰相。

④ 三去之:三次被免去令尹之职。

⑤ 栩栩然:舒缓悠长的样子。

⑥ 亡乎我:与我无关。亡,无。

⑦ 踌躇:悠闲自得的样子。

⑧ 说(shuì):游说。

⑨ 滥:淫乱。

⑩ 伏戏:同"伏羲"。

⑪ 大山:即泰山。

⑫ 介:碍,阻碍。

⑬ 濡(rú):湿。

【译文】

肩吾向孙叔敖问道:"你曾经三次出任令尹一职而没有感到荣耀和华贵,你三次被免除也没有丝毫的忧虑。我起初对此表示怀疑,现在见你鼻息出入舒缓悠长的样子,果真不假,你的内心究竟是怎么想的呢?"

孙叔敖说:"我哪有过人的地方啊!我只是认为这令尹一职,它来了你不可以推却,它走了你不可以阻止。我认为得与失都不是我所能决定的，失去了就无忧愁之色。我哪有过人的地方啊！而且不知道所谓的荣耀和华贵是在令尹一职上呢？还是在我身上呢？如果它在令尹一职上，那么就与我无关；如果它在我的身上，那么就与令尹一职无关。我正在从容自得，四顾遐想，哪有时间去考虑人的高贵与卑贱呢！”

孔子听到后说：“古时候的真人，智者不能说服他，美女不能淫乱他，强盗不能劫持他，伏羲、黄帝不能与他交朋友。就是生死这样的大事，也不能使他的本性发生变化，何况爵位和俸禄呢！像这样的人，他的精神遨游泰山也不会遇上阻碍，潜入深渊也不会沾湿衣裳，处于贫贱而不疲困。他的精神充满天地，越是尽力济人，越是感到更加富有。”

三

楚王[①]与凡君[②]坐，少焉，楚王左右曰“凡亡”者三[③]。凡君曰：“凡之亡也，不足以丧吾存。”夫“凡之亡不足以丧吾存[④]”，则楚之存，不足以存存[⑤]。由是观之，则凡未始亡，而楚未始存也。

【注释】

① 楚王：楚文王。

② 凡君：凡国的国君。楚国强大，凡国弱小，楚王有吞并之心。

③ 三：谓楚王的近臣说了三次凡国将灭亡。

④ 存：真性的存在。

⑤ 存存：保存这种存在。

【译文】

楚王与凡君坐在一起，不一会儿，楚王左右的近臣说了三次凡国灭亡了。凡君说：“凡国的灭亡，也不能让我丧失真性的存在。”那么“凡国的灭亡也不能让我丧失真性的存在”这句话，是说楚国的存在也不能保全他的存在。由真性的观点看来，凡国不曾灭亡而楚国不曾存在。

知北游

一

知北游于玄水之上，登隐弅[①]之丘，而适[②]遭[③]无为谓焉。知谓无为谓曰："予欲有问乎若：何思何虑则知道？何处何服则安道[④]？何从何道则得道？"三问而无为谓不答也。非不答，不知答也。

知不得问，反于白水之南，登狐阙之上，而睹狂屈焉。知以之言也，问乎狂屈。狂屈曰："唉！予知之，将语若，中[⑤]欲言而忘其所欲言。"

知不得问，反于帝宫，见黄帝而问焉。黄帝曰："无思无虑始知道，无处无服始安道，无从无道始得道。"

知问黄帝曰："我与若知之，彼与彼不知也，其孰是邪？"

黄帝曰："彼无为谓真是也，狂屈似之，我与汝终不近也。夫知者不言，言者不知，故圣人行不言之教。道不可致，德不可至。仁可为也，义可亏也，礼相伪也。故曰：'失道而后德，失德而后仁，失仁而后义，失义而后礼。'礼者，道之华[⑥]而乱之首也。故曰：'为道者日损，损之又损之，以至于无为。无为而无不为也。'今已为物也，欲复归根，不亦难乎！其易也，其唯大人乎！

生也死之徒，死也生之始，孰知其纪[⑦]！人之生，气之聚也。聚则为生，散则为死。若死生为徒，吾又何患！故万物一也。是其所美者为神奇，其所恶者为臭腐。臭腐复化为神奇，神奇复化为臭腐。故曰：'通天下一气耳。'圣人故贵一[⑧]。"

知谓黄帝曰："吾问无为谓，无为谓不应我，非不我应，不知应我也；吾问狂屈，狂屈中欲告我而不我告，非不我告，中欲告而忘之也；今予问乎若，若知之，奚故不近？"

黄帝曰："彼其真是也，以其不知也；此其似之也，以其忘之也；予与若终不近也，以其知之也。"

狂屈闻之，以黄帝为知言⑨。

【注释】

① 隐弅（fèn）：虚拟丘名。弅，突起。

② 适：正巧。

③ 遭：遇，碰到。

④ 处：居。服：行，事。安：守，符合。

⑤ 中：心中。

⑥ 华：装饰，引申为假象。

⑦ 纪：始末，终结。

⑧ 一：指生死的同一性。

⑨ 知言：明白道理的言论，中肯之言。

【译文】

知到北方的玄水边游览，登上名叫隐弅的山丘，正巧在那里遇上了无为谓。知对无为谓说："我想向你请教一些问题：怎样思索、怎样考虑才能懂得道？怎样居处、怎样行事才符合于道？依从什么、采用什么方法才能获得道？"问了好几次，无为谓都不回答，不是不回答，而是不知道回答。

知从无为谓那里得不到解答，便返回到白水的南岸，登上名叫狐阙的山丘，在那里见到了狂屈。知把先前的问话向狂屈提出请教，狂屈说："唉，我知道怎样回答这些问题，我将告诉给你，可是心中正想说话却又忘记了那些想说的话"。

知从狂屈那里也没有得到解答，便转回到黄帝的住所，见到黄帝他再问。黄帝说："没有思索、没有考虑方才能够懂得道，无所处身、没有行动方才能够符合于道，没有依从、没有方法方才能够获得道。"

知于是问黄帝："我和你知道这些道理，无为谓和狂屈不知道这些道理，那么，谁是正确的呢？”

黄帝说：“那无为谓是真正正确的，狂屈接近于正确，我和你则始终未能接近于道。知道的人不说，说的人不知道，所以圣人施行的是不用言传的教育。道不可能靠言传来获得，德不可能靠谈话来达到。仁爱是可以有所作为的，讲求道义是可以亏损残缺的，礼仪是有虚伪的。所以说：‘失去了道而后能获得德，失去了德而后能获得仁，失去了仁而后能获得义，失去了义而后能获得礼。’礼，乃是道的假象、乱的祸首。所以说：‘体察道的人每天都得清除伪饰，清除而又再清除以至达到无为的境界。达到无所作为的境界也就没有什么可以作为的了。’如今你已对外物有所作为，想要再返回根本，不是很困难吗！假如容易改变而回归根本，那只有悟道的大人了！

生是死的同类，死是生的开始，谁能知道它们的端绪！人的诞生，是气的聚合。气的聚合形成生命，气的离散便是死亡。如果死与生是同类相属的，那么对于死亡我又忧患什么呢？所以，万物说到底是同一的。这样，把那些所谓美好的东西看作是神奇，把那些所谓讨厌的东西看作是臭腐。而臭腐的东西可以再转化为神奇，神奇的东西可以再转化为臭腐。所以说：‘整个天下只不过同是气罢了’。圣人也因此看重万物同一的特点。”

知又对黄帝说：“我问无为谓，无为谓不回答我，不是不回答我，是不知道回答我；我问狂屈，狂屈内心里正想告诉我却没有告诉我，不是不告诉我，是心里正想告诉我又忘掉了怎样告诉我；现在我想再次请教你，你懂得我所提出的问题，为什么又说回答了我便不是接近于道呢？”

黄帝说：“无为谓他是真正了解大道的，因为他什么也不知道；狂屈他是接近于道的，因为他忘记了；我和你终究不能接近于道，因为我们知道得太多了。”

狂屈听说了这件事，认为黄帝的话是对大道理解比较深刻的话。

二

天地有大美而不言，四时有明法而不议，万物有成理而不说。

圣人者，原天地之美而达万物之理，是故至人无为，大圣不作[①]，观于天地之谓也。

今彼神明至精，与彼百化，物已死生方圆，莫知其根也，扁然[②]而万物自古以固存。六合为巨，未离其内；秋毫为小，待之成体。天下莫不沉浮，终身不故[③]；阴阳四时运行，各得其序。惛然若亡而存，油然[④]不形而神，万物蓄而不知。此之谓本根，可以观于天矣。

【注释】

① 作：作为。

② 扁然：从容自然的样子。

③ 故：变得陈旧。

④ 油然：自然而然。

【译文】

天地具有伟大的美但却无法用言语表达，四时运行具有显明的规律但却无法加以评议，万物有生成的道理却用不着加以谈论。圣哲的人，探究天地伟大的美而通晓万物生长的道理，所以"至人"顺应自然无所作为，"大圣"也不会妄加行动，这是说取法于天地的缘故。

大道神明精妙，参与宇宙万物的各种变化；万物业已或死、或生、或方、或圆，却没有谁知晓变化的根本，一切都是那么自然而然地自古以来就自行存在。"六合"算是十分巨大的，却始终不能超出道的范围；秋天的毫毛算是最小的，也得仰赖于道方才能成就其细小的形体。宇宙万物无时不在发生变化，始终保持着变化的新姿，阴阳与四季不停地运行，各有自身的序列。大道是那么浑沌昧暗仿佛并不存在却又无处不在，生机盛旺、神妙莫测却又不留下具体的形象，万物受养育而不自知。这就称作本根，可以用它来观察自然之道了。

三

啮缺问道乎被衣，被衣曰："若正汝形，一汝视，天和将至；摄[①]汝知，一[②]汝度，神将来舍[③]。德将为汝容，道将为汝居，汝瞳焉如新生之犊而无求其故！”

言未卒，啮缺睡寐。被衣大说，行歌而去之，曰：“形若槁骸，心若死灰，真其实知，不以故自持，媒媒晦晦[4]，无心而不可与谋。彼何人哉！”

【注释】

① 摄：收摄，集中。

② 一：凝聚统一。

③ 舍：居处，停留。

④ 媒媒晦晦：昏昏，昧昧，若无所知的样子。

【译文】

啮缺向被衣请教道，被衣说：“你得端正你的形体，专一你的视觉，自然的和气便会到来；收敛你的心智，集中你的思忖，精神就会来你这里停留。玄德将因你而显得美好，大道将居于你的心中，你那瞪着圆眼稚气无邪的样子像初生的牛犊而不追究事物的原因！”被衣话还没说完，啮缺便已睡着。被衣见了十分高兴，唱着歌走了，说：“身形犹如枯骸，内心犹如死灰，朴实的心思返归本真，而且并不因为这个缘故而有所矜持，浑浑噩噩，昏昏暗暗，没有心计而不能与之共谋。那将是什么样的人啊！”

四

舜问乎丞曰：“道可得而有乎？”

曰：“汝身非汝有也，汝何得有夫道？”

舜曰：“吾身非吾有也，孰有之哉？”

曰：“是天地之委形也；生非汝有，是天地之委和也；性命非汝有，是天地之委顺也；子孙非汝有，是天地之委蜕[1]也。故行不知所往，处不知所持，食不知所味。天地之强阳[2]气也，又胡可得而有邪！”

【注释】

① 委蜕：委，顺；蜕，变。

② 强阳:运动。

【译文】

舜向丞请教说:“道可以获得而据有吗?”

丞说:“你的身体都不是你所据有,你怎么能获得并占有大道呢?”

舜说:“我的身体不是由我所有,是谁所拥有呢?”

丞说:“这是天地把形体托给了你;降生人世并非你所据有,这是天地给予的和顺之气凝聚而成;性命也不是你所据有,这也是天地把和顺之气凝聚于你;即使是你的子孙也不是你所据有,这是天地所给予你的蜕变之形。所以,行走不知去哪里,居处不知持守什么,饮食不知什么滋味。行走、居处和饮食都不过是天地之间气的运动,又怎么可以获得并据有呢?”

五

孔子问于老聃曰:“今日晏闲,敢问至道。”

老聃曰:“汝齐戒,疏瀹[①]而心,澡雪而精神,掊击而知!夫道,窅[②]然难言哉!将为汝言其崖略。

夫昭昭生于冥冥,有伦生于无形,精神生于道,形本生于精,而万物以形相生,故九窍[③]者胎生,八窍[④]者卵生。其来无迹,其往无崖,无门无房,四达之皇皇也。邀于此者,四肢强,思虑恂达,耳目聪明,其用心不劳,其应物无方。天不得不高,地不得不广,日月不得不行,万物不得不昌,此其道与!

且夫博之不必知,辩之不必慧,圣人以断之矣。若夫益之而不加益,损之而不加损者,圣人之所保也。渊渊乎其若海,巍巍乎其若山,终则复始也,运量万物而不匮。则君子之道,彼其外与!万物皆往资焉而不匮,此其道与!

中国有人焉,非阴非阳,处于天地之间,直且为人,将反于宗。自本观之,生者,喑醷[⑤]物也。虽有寿夭,相去几何?须臾之说也。奚足以为尧桀之是非!果蓏有理,人伦虽难,所以相齿。圣人遭之而不违,过之而不守。调而应之,德也;偶而应之,道也;帝之所兴,王之所起也。

人生天地之间,若白驹之过郤,忽然而已。注然勃然,莫不出焉;油然漻然,莫不入焉。已化而生,又化而死,生物哀之,人类悲之。解其天弢[6],堕其天袠[7],纷乎宛乎,魂魄将往,乃身从之,乃大归[8]乎!不形之形、形之不形,是人之所同知也,非将至之所务也,此众人之所同论也。彼至则不论,论则不至。明见无值,辩不若默。道不可闻,闻不若塞,此之谓大得。"

【注释】

① 疏瀹(yuè):疏通。

② 窅(yǎo):深远幽邃。

③ 九窍:人类。

④ 八窍:指禽鱼。

⑤ 喑醷(yīnyì):气体聚集。

⑥ 弢(tāo):弓箭套,引申为束缚。

⑦ 袠(zhì):通"帙",书套。这里是束缚的意思。

⑧ 大归:归于太虚。

【译文】

孔子对老聃说:"今天安居闲暇,我冒昧地向你请教至道。"

老聃说:"你先得斋戒静心,再疏通你的心灵,洗涤你的精神,破除你的才智!大道,真是深奥神妙难以言表啊!不过我将为你说个大概。

明亮的东西产生于昏暗,具有形体的东西产生于无形,精神产生于道,形质是从精气中生出来的,万物全都凭借形体而诞生,所以,具有九个孔窍的动物是胎生的,具有八个孔窍的动物是卵生的。它的来临没有踪迹,它的离去没有边界,没有门径,没有归宿,通向广阔无垠的四面八方。遵循这种情况的人,四肢强健,思虑通达,耳目灵敏,运用心思不会劳顿,顺应外物不拘定规。天不得不高,地不得不广,太阳和月亮不得不运行,万物不得不昌盛,这恐怕就是道啊!

再说博读经典的人不一定懂得真正的道理,善于辩论的人不一定就格外聪明，圣人早已弃绝这些了。至于增多了却不像是有所增加，减少了却不像是有所减少，那便是圣人所要持守的东西。深邃莫测呀像大海一样，高大神奇呀如大山一般没有终结也没有开始，万物的运动全在它的范围之内，而且从不曾缺少什么。那么，世俗君子所谈论的大道，恐怕都是些皮毛啊！万物全都从它那里获取生命的资助，而且从不匮乏，这恐怕就是道啊！

中原一带有人居住着，不偏于阴也不偏于阳，处在大地的中间，只不过姑且具备了人的形体罢了，而人终将返归他的本原。从本源上来看，人的诞生，乃是气的聚合，虽然有长寿与短命，相差又有多少呢？说起来只不过是俄顷之间，又哪里用得着区分唐尧和夏桀的是非呢！瓜果有它生长的道理，人们的次第关系即使难以划分，也还可以用年龄大小相互为序。圣人遇上这些事从不违拗，即使亲身过往也不会滞留。调和而顺应，这就是德；随机适应，这就是道；而德与道便是帝业兴盛的凭借，王侯兴起的规律。

人生于天地之间，就像骏马穿过一个狭窄的通道，瞬间而过罢了。自然而然地，全都蓬勃而生；自然而然地，全都顺应变化而死。业已变化而生长于世间，又会变化而死离人世，生物为之哀伤，人们为之悲悯。可是人的死亡，也只是解脱了自然的捆束，毁坏了自然的拘括，纷纷扰扰地，魂魄必将消逝，于是身形也将随之而去，这就是最终归向宗本啊！不具有形体变化而为拥有形体，具有形体再变化而为消失形体，这是人们所共同了解的，绝不是体察大道的人所追求的道理，也是人们所共同谈论的话题。体悟大道的人就不会去议论，议论的人就没有真正体悟大道。显明昭露地寻找不会真正有所体察，辩说不如缄默。道不可能通过传言而听到，希望传闻不如塞耳不听，这就称作是真正懂得了玄妙之道。”

六

东郭子问于庄子曰：“所谓道，恶乎在？”

庄子曰:“无所不在。”

东郭子曰:“期而后可。”

庄子曰:“在蝼蚁。”

曰:“何其下邪?”

曰:“在稊稗[1]。”

曰:“何其愈下邪?”

曰:“在瓦甓[2]。”

曰:“何其愈甚邪?”

曰:“在屎溺。”

东郭子不应。庄子曰:“夫子之问也,固不及质。正、获之问于监市履狶[3]也,每下愈况[4]。汝唯莫必,无乎逃物。至道若是,大言亦然。周遍咸三者,异名同实,其指一也。

尝相与游乎无何有之宫,同合而论,无所终穷乎!尝相与无为乎!澹而静乎!漠而清乎!调而闲乎!寥已吾志。吾往焉而不知其所至,去而来而不知其所止。吾已往来焉而不知其所终。彷徨乎冯闳,大知入焉而不知其所穷。物物[5]者与物无际,而物有际[6]者,所谓物际者也。不际之际,际之不际者也。谓盈虚衰杀,彼为盈虚非盈虚,彼为衰杀非衰杀,彼为本末非本末,彼为积散非积散也。”

【注释】

① 稊稗:稻田里的杂草。

② 甓(pì):砖头。

③ 监市履狶:监市,监管市场的人;履,踩;狶,大猪。监管市场的人踩一下猪腿以辨别肥瘦。

④ 况:更加、更甚。

⑤ 物物:主宰万物。前“物”为动词,意为主宰。

⑥ 物有际:谓就一物而言,是各有边际的。

【译文】

东郭子向庄子请教说:“人们所说的道,究竟存在于什么地方呢？”

庄子说：“大道无所不在。”

东郭子说：“指出一个地方来。”

庄子说：“在蝼蚁之中。”

东郭子说：“怎么处在这样低下卑微的地方？”

庄子说：“在稻田的稗草里。”

东郭子说：“怎么越发低下了呢？”

庄子说：“在瓦块砖头中。”

东郭子说：“怎么越来越低下呢？”

庄子说：“在屎尿里。”

东郭子听了后不再吭声。庄子说：“先生的提问，本来就没有触及道的本质。司正和司获向管理市场的官吏询问猪的肥瘦，踩踏猪腿的部位越是往下就越能探知肥瘦的真实情况。你不要只是在某一事物里寻找道，万物没有什么东西可以逃离它。最高的道是这样，最伟大的言论也是这样。万物、言论和大道遍及各个角落，它们名称各异而实质却是相同，它们的意旨是一样的。

让我们一道游历于什么也没有的地方，用混同合一的观点来加以讨论，宇宙万物的变化是没有穷尽的啊！我们再顺应变化无为而处吧！恬淡而又寂静啊！广漠而又清虚啊！调谐而又安闲啊！我的心志寥阔，不会前往何处也不知道应该去到哪里；离去以后随即归来也从不知道停留的所在。我已在人世来来往往却并不了解哪里是终结。放纵我的思想遨游在虚旷的境域，大智的人跟大道交融相契而从不了解它的终极。造就万物的道跟万物本身并无界域之分，而事物之间的界线，就是所谓具体事物的差异；没有差异的区别，也就是表面存在差异而实质并非有什么区别。人们所说的盈满、空虚、衰退、减损，认为是盈满或空虚而并非真正是盈满或空虚，认为是衰退或减损而并非真正是衰退或减损，认为是宗本或末节而并非真正是宗本或末节，认为是积聚或离散而并非真正是积聚或离散。”

七

妸荷甘与神农同学于老龙吉。神农隐几阖户昼瞑[①]，妸荷甘日中奓[②]户而入曰:“老龙死矣!”神农拥杖而起，嚗[③]然放杖而笑，曰:“天知予僻陋慢訑[④]，故弃予而死。已矣！夫子无所发予之狂言而死矣夫!”

弇堈吊闻之曰:“夫体道者，天下之君子所系焉。今于道，秋豪之端万分未得处一焉，而犹知藏其狂言而死.又况夫体道者乎！视之无形，听之无声，于人之论者，谓之冥冥，所以论道，而非道也。”

于是泰清问乎无穷曰:“子知道乎?”

无穷曰:“吾不知。”

又问乎无为。无为曰:“吾知道。”

曰:“子之知道，亦有数[⑤]乎?”

曰:“有。”

曰:“其数若何?”

无为曰:“吾知道之可以贵，可以贱，可以约[⑥]，可以散，此吾所以知道之数也。”

泰清以之言也问乎无始曰:“若是，则无穷之弗知与无为之知，孰是而孰非乎?”

无始曰:“不知深矣，知之浅矣;弗知内矣，知之外矣。”

于是泰清中而叹曰:“弗知乃知乎！知乃不知乎！孰知不知之知[⑦]?”

无始曰:“道不可闻，闻而非也;道不可见，见而非也;道不可言，言而非也。知形形之不形乎！道不当名。”

无始曰:“有问道而应之者，不知道也。虽问道者，亦未闻道。道无问，问无应。无问问之，是问穷也;无应应之，是无内也。以无内待[⑧]问穷，若是者，外不观乎宇宙，内不知乎大初[⑨]，是以不过乎昆仑，不游乎太虚。”

【注释】

① 瞑(mián):通“眠”。

② 奓(zhà):开启。

③ 曝(bó):物体落地的声音。

④ 诞(dàn):通“诞”,荒诞。

⑤ 数:方法,次第。

⑥ 约:聚集。

⑦ 不知之知:谓不知道便是知道。

⑧ 待:对待,回答。

⑨ 大初:即“太初”,道的本源。

【译文】

妸荷甘和神农一同向老龙吉学习。神农大白天靠着几案、关着门睡觉,中午时分,妸荷甘推门而入说:“老龙吉死了!”神农抱着拐杖站起身来,“啪”的一声丢下拐杖而笑起来,说:“先生知道我僻陋漫诞,所以丢下了我而死去。完了,我的先生!没有用至言来启发教导我就死去了啊!”

弇堈吊知道了这件事,说:“体悟大道的人,天下一切有道德修养的人都将归附于他。如今老龙吉对于道,连秋毫之末的万分之一也未能得到,尚且懂得怀藏着至言而死,又何况真正体悟大道的人呢!大道看上去没有形体,听起来没有声音,对于人们所谈论的道,称它是昏昧而又晦暗,而可以用来加以谈论的道,实际上并不是真正的道。”

这时候泰清向无穷请教:“你知晓道吗?”

无穷回答:“我不知晓。”

又问无为。无为回答说:“我知晓道。”

泰清又问:“你知晓道,道也有名数吗?”

无为说:“有。”

泰清说:“道的名数怎么样呢?”

无为说:“我知道道可以处于尊贵,也可以处于卑贱,可以聚合，也可以离散，这就是我所了解的道的名数。”

泰清用上述谈话去请教无始，说：“像这样，那么无穷的不知晓和无为的知晓，谁对谁错呢？”

无始说：“不知晓是深奥玄妙，知晓是浮泛浅薄；不知晓处于深奥玄妙之道的范围内，知晓却刚好与道相背。”

于是泰清有所醒悟仰而叹息，说：“不知晓就是真正的知晓啊！知晓就是真正的不知晓啊！有谁懂得不知晓就是知晓呢？”

无始说：“道不可能听到，听到的就不是道；道不可能看见，看见了就不是道；道不可以言传，言传的就不是道。要懂得有形之物之所以具有形体正是因为产生于无形的道啊！因此大道不当有名称。”

无始又说：“有人询问大道便随口回答的，乃是不知晓道。就是询问大道的人，也没有听闻过道。道无可询问，问了也无从回答。无可询问却一定要问，这是在询问空洞无形的东西；无从回答却勉强回答，这是说对大道并无了解。内心无所得却期望回答空洞无形的提问，像这样的人，对外不能观察广阔的宇宙，对内不能了解自身的本原，所以不能越过那高远的昆仑，也不能遨游于清虚宁寂的太虚之境。”

八

光曜问乎无有曰：“夫子有乎？其无有乎？”

无有弗应也。光曜不得问，而孰视其状貌，窅然空然，终日视之而不见，听之而不闻，搏[①]之而不得也。

光曜曰：“至矣！其孰能至此乎！予能有无矣，而未能无无也；及为无有矣，何从至此哉！”

【注释】

① 搏：捕捉，抓取。

【译文】

光曜问无有："先生你是存在呢？还是不存在呢？"

无有不吭声，光曜得不到回答，便仔细地观察道的形状和容貌，是那么深远那么空虚，整天看它看不见，整天听它听不到，整天捕捉它却摸不着。

光曜说："最高的境界啊，谁能够达到这种境界呢！我能够做到'无'，却未能达到'无无'的境界，等到做到了'无'却又不免为'有'境了，怎样能够达到这种境界啊！"

九

大马①之捶钩者，年八十矣，而不失豪芒。大马曰："子巧与，有道与？"

曰："臣有守②也。臣之年二十而好捶钩，于物无视也，非钩无察也。是用之者，假不用者也以长得其用，而况乎无不用者乎！物孰不资焉！"

【注释】

① 大马：大司马，官号。

② 有守：有所守持。

【译文】

大司马家锻制带钩的工匠，年纪虽然已经八十，却一点也不会出现差误。大司马说："你是特别灵巧呢，还是有什么门道呀？"

锻制带钩的老人说："我有所守持。我二十岁时就喜好锻制带钩，对于其他外在的事物我什么也看不见，不是带钩就不会引起我的专注。锻制带钩这是得用心专一的事，借助这一工作便不再分散自己的用心，而且锻制出的带钩可以长期使用，更何况对于那些无为而不用的呢！能够这样，谁不帮助他呢？"

十

冉求问于仲尼曰:"未有天地可知邪?"

仲尼曰:"可。古犹今也。"

冉求失问而退[①],明日复见,曰:"昔者吾问'未有天地可知乎?'夫子曰:'可。古犹今也。'昔日吾昭然[②],今日吾昧然,敢问何谓也?"

仲尼曰:"昔之昭然也,神者先受[③]之;今之昧然也,且又为不神者求邪!无古无今,无始无终。未有子孙而有子孙,可乎?"

冉求未对。仲尼曰:"已矣,未应矣!不以生生死,不以死死生。死生有待邪?皆有所一体。有先天地生者物邪?物物者非物。物出不得先物也,犹其有物也。犹其有物也,无已[④]。圣人之爱人也终无已者,亦乃取于是者也。"

【注释】

① 失问而退:不再问而退去。失问,不问。

② 昭然:明白,清楚。

③ 神者先受:谓心神先领悟了。

④ "犹其"两句:谓万物是由道不停地产生出来的。

【译文】

冉求向孔子请教:"天地产生以前的情况可以知道吗?"

孔子说:"可以,古时候就像今天一样。"

冉求没有得到满意的回答便退出屋来,第二天再次见到孔子,说:"昨天我问'天地产生以前的情况可以知道吗?'先生回答说:'可以,古时候就像今天一样。'昨天我心里还很明白,今天我却茫然了,请问先生说的是什么意思呢?"

孔子说:"昨天你心里明白,是因为心神先有所领悟;今天你糊涂了,是因为又拘滞于具体形象而有所疑问吧?没有古就没有今,没有开始就没有终结。没有子孙以前便已有子孙,可以吗?"

冉求不能回答。孔子说："算了，不必再回答了！不会为了生来生出死，不会为了死而来停止生。人的死和生相互有所依赖吗？其实全存在于一个整体。有先于天地而产生的物类吗？使万物成为具有个别形体事物的并不是具有形体的事物。万物的产生不可能先出现具象性的物体，而是气的聚合而产生万物。由气的聚合形成万物之后，这才连续不断繁衍生息。圣人对于人的怜爱始终没有终结，也就是取法于万物的生生相续。"

十一

颜渊问乎仲尼曰："回尝闻诸夫子曰：'无有所将，无有所迎。'回敢问其游。"

仲尼曰："古之人，外化而内不化，今之人，内化而外不化。与物化者，一不化者也。安化安不化，安与之相靡①，必与之莫多。狶韦氏之囿②，黄帝之圃，有虞氏之宫，汤武之室。君子之人，若儒墨者师，故以是非相整也，而况今之人乎！圣人处物不伤物。不伤物者，物亦不能伤也。唯无所伤者，为能与人相将迎。山林与！皋壤③与！使我欣欣然而乐与！乐未毕也，哀又继之。哀乐之来，吾不能御，其去弗能止。悲夫，世人直为物逆旅④耳！夫知遇而不知所不遇，能能而不能所不能。无知无能者，固人之所不免也。夫务免乎人之所不免者，岂不亦悲哉！至言去言，至为去为。齐知之所知，则浅矣⑤。"

【注释】

① 靡：顺应。

② 囿：帝王的园林。

③ 皋壤：旷野。

④ 逆旅：寄居的客舍。

⑤ "齐知"两句：谓人之所知本不齐，必须强而齐之，使其所知与己一样，那就浅陋了！齐，齐同。

【译文】

颜渊问孔子说:“我曾听先生说过:‘不要有所送,也不要有所迎。’请问它的道理。”

孔子说:“古时候的人,外表适应环境变化但内心世界却持守凝寂,现在的人,内心世界不能凝寂持守而外表又不能适应环境的变化。随应外物变化的人,必定内心纯一凝寂而不离散游移。对于变化与不变化都能安然听任,安闲自得地跟外在环境相顺应,必定会与外物一道变化而不有所偏移。狶韦氏的苑囿,黄帝的果林,虞舜的宫室,商汤、周武王的房舍,愈来愈狭隘了。那些称作君子的人,如像儒家、墨家之流,以是非好坏来相互诋毁,何况现时的人呢!圣人与外物相处却不损伤外物。不伤害外物的人,外物也不会伤害他。正因为无所伤害,才能和人相往来。山林呢,还是旷野呢?这都使我感到无限欢乐啊!可是欢乐还未消逝,悲哀又接着到来。悲哀与欢乐的到来,我无法阻挡,悲哀与欢乐的离去,我也不可能制止。可悲啊,世上的人只不过是物的旅舍而已。人们知道遇上了什么却不知道遇不上什么,能够做自身能力所及却不能做自身能力所不及的事。有所不知有所不能,本来就是人们所不可回避的,一定要避开自己所不能避开的事,难道不可悲吗!最好的言论是什么也没说,最好的行动是什么也没做。要想使人所知道的相同,那就实在是浅陋了。”

杂 篇

徐无鬼

一

知[①]士无思虑之变[②]则不乐，辩士无谈说之序则不乐，察士无凌谇[③]之事则不乐，皆囿[④]于物者也。

招世之士兴朝，中民之士荣官，筋力之士矜难，勇敢之士奋患，兵革之士乐战，枯槁之士宿名，法律之士广治，礼教之士敬容，仁义之士贵际。农夫无草莱之事则不比[⑤]，商贾无市井之事则不比，庶人有旦暮之业则劝，百工有器械之巧则壮。钱财不积则贪者忧，权势不尤[⑥]则夸者悲。势物之徒乐变，遭时有所用，不能无为也。此皆顺[⑦]比于岁，不物于易[⑧]者也。驰其形性，潜之万物，终身不反，悲夫！

【注释】

① 知：同"智"。

② 变：指机变之事。

③ 凌谇(suì)：凌辱责骂。

④ 囿(yòu)：拘限。

⑤ 草莱：丛生的杂草，这里比喻耕耘。比：和乐。

⑥ 尤：甚，出众。

⑦ 顺：随顺。

⑧ 不物于易：即"不易于物"的倒装句，谓各自据守一物而不能变通。

【译文】

智谋之士如果没有提供思虑的机变之事是不快乐的，善于辩论的人说话没有条理是不快乐的，好察之士如果没有挑到别人的毛病是不快乐的，他们都是被外物所局限的人。

招摇于世的人好在朝廷中炫耀自己，中等资质的人以求得官爵为荣，体格强健的人以排险解难自夸，勇敢无畏的人喜欢奋勇地排除祸患，披甲戴盔的人以参战为快乐，隐居清修的人留意自己的名声，注重法律的人大力推广法治，讲究礼教的人注重仪容，崇尚仁义的人看重人与人之间的交际。农夫如果没有农活干就不会和乐，商人如果没有商业买卖的事情就不会和乐，百姓如果早晚都有事做就会很勤勉，工匠如果有了手艺就会感到自豪。钱财积累不多而好贪图的人就会忧愁，权势不够强大而好夸耀的人就会悲哀。追逐权力的人们喜欢变乱，遇到时机来临，就要铤而走险，不能清静无为。这些人都是顺时俯仰，局限于一事一物而不能脱身的人。他们身心驰骛，沉溺外物，终生执迷不悟，岂不悲哀！

二

庄子送葬，过惠子之墓，顾谓从者曰："郢①人垩②慢③其鼻端若蝇翼，使匠石斫之④。匠石运⑤斤成风，听⑥而斫之，尽垩而鼻不伤，郢人立不失容。宋元君闻之，召匠石曰：'尝试为寡人为之。'匠石曰：'臣则尝能斫之，虽然，臣之质⑦死久矣！'自夫子⑧之死也，吾无以为质矣，吾无与言之矣！"

【注释】

① 郢（yǐng）：楚国都城，今湖北江陵。

② 垩（è）：白土，可用于涂饰。

③ 慢：通"墁"，涂。

④ 使匠石斫（zhuó）之：谓让工匠用斧子把它砍掉。匠石，匠人名石；斫，砍削。

⑤ 运：挥动。

⑥ 听：任，听任。

⑦ 质：对手，指施展技艺的对象。

⑧ 夫子：指惠施。

【译文】

庄子送葬，经过惠施的坟墓，回头对随从说道："郢都有一个人，不小心让一星点白灰粘在鼻子上，这点白灰就像苍蝇的翅膀那样又薄又小，他让匠石替他削掉。匠石挥起斧头呼呼作响，任凭斧子向白灰点削去，泥点尽除而鼻子安然不伤，郢都人站立不动，面不改色。宋元君听说此事后，把匠石召去，说道：'试着替我再做一遍。'匠石说道：'臣下确实曾经砍削过鼻尖上的泥点，不过现在敢于让我削的人已经死了很久了！'自从先生去世，我也没有对手了，我再也找不到辩论的对象了！"

三

管仲有病，桓公问之曰"仲父之病病矣，可不讳[①]云，至于大病，则寡人恶乎属[②]国而可？"

管仲曰："公谁欲与？"

公曰："鲍叔牙。"

曰："不可。其为人洁廉，善士也；其于不已若者不比之[③]；又一闻人之过，终身不忘。使之治国，上且钩[④]乎君，下且逆乎民。其得罪于君也，将弗久矣！"

公曰："然则孰可？"

对曰："勿已，则隰朋[⑤]可。其为人也，上忘而下不畔[⑥]，愧不若黄帝，而哀不已若者。以德分人谓之圣，以财分人谓之贤。以贤临人[⑦]，未有得人者也；以贤下人，未有不得人者也。其于国有不闻也，其于家有不见也。勿已，则隰朋可。"

【注释】

① 讳：忌讳。

② 属：嘱托，托付。

③“其于”句：谓他对不如自己的人，就不亲近他。不己若，即“不若己”；不比，不亲近。

④ 钩：逆，触犯。

⑤ 隰（xí）朋：姓隰，名朋，齐国贤人。

⑥ 畔：界岸。

⑦ 临人：凌驾众人之上。

【译文】

管仲生了病，齐桓公问他说：“仲父的病已经很危险了，还可以忌讳不说么？一旦病危，我将把国家托付给谁才好呢？”

管仲说：“你想托付给谁呢？”

齐桓公说：“鲍叔牙。”

管仲说：“不可以。他为人处事廉洁，善待士人。但是他对于不如自己的人不够亲近，而且一听说了人家的过错就终身不忘。如果让他治理国家，对上会违逆国君，对下会违背民意。他将得罪于国君，不会太久了！”

齐桓公说：“那么谁可以呢？”

管仲回答说：“不得已的话，隰朋还可以。他为人处事，对上能够忘记权贵的荣位，对下亲善团结，自愧不如黄帝，而又怜悯不如自己的人。以道德来感化人，称得上是个圣人；以钱财来分给人，称得上是个贤人。以贤人的身份凌驾于众人之上，没有能够获得人心的；礼贤下士，没有不能够获得人心的。他对于国事并非事事干预，他对于家事有所不见。如果不得已的话，就托付给隰朋。”

外物

一

庄周家贫，故往贷粟于监河侯[1]。监河侯曰："诺。我将得邑金[2]，将贷子三百金，可乎？"

庄周忿然作色曰："周昨来，有中道而呼者。周顾视车辙，中有鲋鱼焉。周问之曰：'鲋鱼来[3]，子何为者耶？'对曰：'我，东海之波臣[4]也。君岂有斗升之水而活我哉？'周曰：'诺，我且南游吴越之王，激[5]西江之水而迎子，可乎？'鲋鱼忿然作色曰：'吾失我常与[6]，我无所处。我得斗升之水然活耳，君乃言此，曾不如早索我于枯鱼之肆[7]。'"

【注释】

① 监河侯：监管河道的官员。

② 邑金：封地的赋税，财物收入。

③ 鲋(fù)鱼：鲫鱼。来：语助词，无义。

④ 波臣：水波中的臣子，即水族中的一员。

⑤ 激：引发。

⑥ 常与：经常相依存的，指水。

⑦ 肆：市场。

【译文】

庄周家境贫穷，所以前往向监河侯借贷粮食。监河侯说："行。等我把租赋税金收上来，我就借给你三百金，可以吗？"

庄周气得脸色都变了，说："我昨天来时，半路上听到呼叫声。我回头看了看车辙沟，里面有只鲫鱼。我向它问道：'小鲫鱼啊，你在这里做什么？'它回答说：'我是东海水族中的一个臣子，你能用斗升之水来救我吗？'我说：'好的。等我去南方游说吴、越两国的国王，再引出西江的水流来迎接你，可以吗？'鲫鱼气得脸色大变，生气地说：'我失去与我常处的水，已经无处存身。我只要有斗升多的水就可以存活，你却如此说话，还不如早点到干鱼市场里找我。'"

二

儒以《诗》《礼》发冢[①]，大儒胪传[②]曰："东方作[③]矣，事之何若？"

小儒曰："未解裙襦[④]，口中有珠。《诗》固有之曰：'青青之麦，生于陵陂。生不布施，死何含珠为[⑤]？'"

"接[⑥]其鬓，压其顪[⑦]，而以金椎控[⑧]其颐，徐别其颊，无伤口中珠。"

【注释】

① 发冢：盗发坟墓。

② 胪(lú)传：按礼的规定有秩序地向下传话。

③ 作：指太阳将要升起，东方将要发亮。

④ 襦(rú)：短衣。

⑤ "青青"四句：《诗》中文字，不见今本《诗经》，或为逸诗，或为作者自撰。

⑥ 接：揪。

⑦ 压其顪(huì)：按住死人的胡须。顪，胡须。

⑧ 控：敲。

【译文】

儒士用《诗》《礼》中的话来盗掘坟墓。大儒传话说："太阳快出来了，事情做得怎么样？"

小儒说："衣裙没有脱下，他的嘴里还含有一颗宝珠。《诗》中原本就有这样的话：'青青的麦穗，长在山坡上。生来不施舍，死去含珠做什么？'"

大儒说："揪住他的鬓发，按住他的胡须，再用金椎敲打他的下巴，慢慢地分开他的两颊，千万不要弄坏他口中的珠子。"

三

宋元君夜半而梦人被发窥阿门[①]，曰："予自宰路之渊，予为清江使[②]河伯[③]之所，渔者余且得予。"

元君觉，使人占之，曰"此神龟也。"

君曰："渔者有余且乎？"

左右曰："有。"

君曰："令余且会朝。"

明日，余且朝。君曰："渔何得？"

对曰："且之网得白龟焉，其圆五尺。"

君曰："献若之龟。"

龟至，君再欲杀之，再欲活之，心疑，卜之。曰："杀龟以卜吉。"乃刳[④]龟，七十二钻[⑤]而无遗筴。

仲尼曰："神龟能见梦[⑥]于元君，而不能避余且之网；知[⑦]能七十二钻而无遗筴[⑧]，不能避刳肠之患。如是则知有所困，神有所不及也。虽有至知，万人谋之。鱼不畏网而畏鹈鹕[⑨]。去小知而大知明，去善而自善矣。婴儿生，无硕师而能言，与能言者处也。"

【注释】

① 阿门：旁门。

② 使：出使。

③ 河伯：黄河水神。

④ 刳(kū)：挖空。

⑤ 钻：每次占卜时需让占卜者以所卜之事来灼龟背。

⑥ 见梦:托梦。见,通“现”。

⑦ 知:同“智”,智慧,智力。下四“知”字同。

⑧ 遗筴:失策,失算。筴,同“策”。

⑨ 鹈鹕(tíhú):捕鱼吃的水鸟。

【译文】

宋元君半夜里梦见有个披头散发的人在侧门窥视,还说:“我来自宰路之渊,我做清河的使者出使河伯那里,被渔夫余且捕获。”

宋元君醒来,让人占卜,占卜结果说是“神龟托梦”。

宋元君说:“渔夫中有叫余且的吗?”

左右随从说:“有。”

宋元君说:“叫余且来朝见我。”

第二天,余且来朝。宋元君说:“你捕到什么?”

余且回答说:“我用网捕获一只白龟,周边有五尺多长。”

宋元君说:“把你的白龟献出来。”

白龟送来,宋元君又想杀掉它,又想养活它,心里犹豫不定,于是让人占卜测问,结果说:“杀龟,用此龟占卜,大吉。”于是把龟剖开挖空,用它占卜了七十二次,没有一次不灵验的。

孔子说:“神龟能够给宋元君托梦,却不能逃避余且的渔网;它的智力能够占卜七十二次而不失算,却不能逃避剖肠的患害。如此看来,智者也有困惑的时候,神灵也有不及的地方。虽然有极高的智慧,也敌不过万人的谋算。鱼不怕渔网,却知道畏惧鹈鹕。只有抛弃小智慧,才能发挥大智慧,只有去掉自以为善的心理,才能体现真正自善的本性。婴儿生来没有大师的教导便能说话,这是由于他与会说话的人在一起。”

寓言

一

寓言十九[①],重言十七,卮言日出,和以天倪。

寓言十九,藉外论之。亲父不为其子媒。亲父誉之,不若非其父者也。非吾罪也,人之罪也。与己同则应,不与己同则反。同于己为是之,异于己为非之。

重言十七,所以已言也,是为耆艾。年先矣,而无经纬本末以期来者,是非先也。人而无以先人,无人道也。人而无人道,是之谓陈人[②]。

卮言日出,和以天倪,因以曼衍[③],所以穷年。不言则齐,齐与言不齐,言与齐不齐也,故曰:"言无言。"言无言,终身言,未尝言;终身不言,未尝不言。有自也而可,有自也而不可;有自也而然[④],有自也而不然。恶乎然?然于然;恶乎不然;不然于不然。恶乎可?可于可;恶乎不可?不可于不可。物固有所然,物固有所可。无物不然,无物不可。非卮言日出,和以天倪,孰得其久!万物皆种也,以不同形相禅[⑤],始卒若环,莫得其伦,是谓天均。天均[⑥]者,天倪也。

【注释】

① 寓言十九:寄寓的言论有十分之九。

② 陈人:老朽无用之人。

③ 曼衍：支漫推衍，今说穿插、发挥。

④ 然：是，正确。

⑤ 禅：传续，传承。

⑥ 天均：自然均衡。

【译文】

（《庄子》书中，）别有寄托的话占十分之九，重言十分之七；卮言日新，合于自然的变化。

别有寄托的话占十分之九，实乃假借别的事物来谈论需要说明的事物。就像父亲不替自己的儿子做媒。父亲夸奖自己的儿子，倒不如让外人去称赞，这样才更让人信服。（这样运用别有寄托的话，）并不是我的罪过，而是别人的罪过。（一般的人对于别人的见解，）和自己相同的就应和，和自己不相同的就反对。和自己相同的就认为是，和自己不相同的就认为非。

重言占的十分之七，为的是止住别人的争辩之言，这些学说都是出自年龄高迈、经验宏富的人。如果仅是年龄大于别人，可是没有经纶天地始终的才德来符合自己的年龄，就算不上先辈长老。一个人如果没有可以生在别人以前的才德，便是没有人道。做人却不懂为人之道，就叫作老朽之人。

卮言日新，合乎自然的变化，用“天倪”（循环的天道）说来和同是非，借着这个来推衍事理，这才可以穷尽悠长的年代。不用说话，事物就会齐一。齐一和说话不是齐一的，说话和齐一也是不齐一的。所以说：“要说没有分辨的话。”说些没有分辨的话，虽然终身在说，实际上从来没有说；虽然终身不说，但是未曾没有说。有所根源就可以认可，有所根源也可以不认可；有所根源就如此，有所根源也可以不如此。为什么如此？如此就是如此；为什么不如此？不如此就是不如此。为什么可以？可以就是可以；为什么不可以？不可以就是不可以。万物本来就有它们所以如此的理性，万物本来就有它们所以可以的理性。万物没有不如此的，万物没有不可以的。如果不是卮言日新，符合自然的分际，怎能维持长久！万物都是由种子生成的，它们以不同的形象互相流传着，自始至终，就如同圈环一样，谁也摸不清它们的条理，这就叫作“天均”。自然的均衡，也就是自然的分际。

二

庄子谓惠子曰："孔子行年六十而六十化，始时所是，卒而非之，未知今之所谓是之非五十九非也。"

惠子曰："孔子勤志服知也。"

庄子曰："孔子谢[①]之矣，而其未之尝言。孔子云：'夫受才乎大本，复灵以生，鸣而当律，言而当法，利义陈乎前，而好恶是非直服人之口而已矣。使人乃以心服，而不敢蘁立[②]，定天下之定。'已乎[③]已乎！吾且不得及彼乎！"

【注释】

① 谢：弃绝。

② 蘁（wù）立：违逆，不顺从。

③ 已乎：算了。

【译文】

庄子对惠子说："孔子年纪到了六十岁，而六十年中与时俱化：他从前认为是的，后来便认为是非的。也不知道现在所谓是的，是不是就是五十九岁时候所谓非的。"

惠子说："孔子是博闻强记的吗？"

庄子说："已经弃绝用智了，他未曾多言。孔子这样说过：'人从天地的本元禀受到材质，含藏着灵气而生存；声调要合乎音律，语言要合乎法度。利禄和正义都摆列在每个人的面前，那些好恶、是非的区别，只不过是搪塞人言的工具罢了。使别人能够从内心服从自己，而不敢和自己对立，就能够稳住天下的定局。'算了吧！算了吧！我可能是不能够赶得上那样的有道之人了。"

三

曾子再仕而心再化，曰："吾及亲仕，三釜而心乐；后仕，三千钟[1]而不洎[2]，吾心悲。”

弟子问于仲尼曰：“若参者，可谓无所县其罪乎？”

曰：“既已县矣[3]！夫无所县者，可以有哀乎？彼视三釜、三千钟，如观雀蚊虻相过乎前也。”

【注释】

① 钟：容量单位。六斛四斗为一钟。十斗为一斛。

② 洎(jì)：及。

③ 既已县矣：谓曾参已经受到俸禄的系累了。

【译文】

曾子再做官时心境又不同。他说：“我在父母在的时候做官，只挣三釜粮食，可是我心情感到愉快；后来做官，挣到三千钟粮食，可是赶不上侍奉父母，我心里感到悲伤。”

弟子问孔子说：“像曾参这样的人，可以说是不被俸禄所牵挂的了吧？”

孔子说：“他已经有所牵挂了。要是无所牵挂，会有悲伤的感觉吗？那无所牵挂的人，看着三釜或三钟的俸禄，就如同看到鸟雀、蚊虻在面前交相经过一样啊！”

四

颜成子游谓东郭子綦曰：“自吾闻子之言，一年而野[1]，二年而从，三年而通，四年而物，五年而来，六年而鬼入[2]，七年而天成[3]，八年而不知死，不知生，九年而大妙[4]。”

【注释】

① 野：质林。

② 鬼入：神化。

③ 天成：纯任天然，大道浑成。

④ 大妙：与道合真。

【译文】

颜成子游对老师东郭子綦说："自从我聆听了您的教诲，一年而返璞归真，二年就顺从世俗了，三年而通达无疑了，四年而物我合一，五年而使物归附，六年而使鬼神归附，七年就同自然一体了，八年而超越了生死的困扰，九年就完全领悟了天地间玄妙之理了。"

五

生有为，死也。劝公，以其死也，有自也；而生阳也，无自也。而果然乎？恶乎其所适？恶乎其所不适？天有历数，地有人据[①]，吾恶乎求之？莫知其所终，若之何其无命[②]也？莫知其所始，若之何其有命也？有以相应也，若之何其无鬼邪？无以相应也，若之何其有鬼邪？

【注释】

① 人据：人物依据，人和物依附。

② 无命：无生命。

【译文】

人生在世而妄为，便走向死路。奉劝世人，万物的死亡，是属于阴的，是有来由的（由有人无）；而万物的生存，是属于阳的，是没有来由的（有生于无）。究竟是不是这样的呢？什么是万物所安适的呢？什么是万物所不安适的呢？天有四时变化，地有人为依据。我还到哪里去求取呢？（天地万物，）不知道它们到什么时候终结，怎么能够说它们是没有生命的呢？不知道它们从什么时候开始，怎么能够说它们是有生命的呢？万物如有相应的现象怎么能够说这里没有鬼神的主使呢？万物没有相应的现象怎么能够说这里有鬼神的主使呢？

六

众罔两问于景曰："若向也俯而今也仰，向也括撮[①]而今也被发,向也坐而今也起,向也行而今也止,何也?"

景曰:"搜搜也,奚稍问也!予有而不知其所以。予,蜩甲也,蛇蜕也,似之而非也。火与日,吾屯也;阴与夜,吾代②也。彼,吾所以有待邪?而况乎以无有待者乎!彼来则我与之来,彼往则我与之往,彼强阳则我与之强阳。强阳③者,又何以有问乎?"

【注释】

① 括撮:束发。括、撮都是把头发束起的意思。

② 代:谢,消失。

③ 强阳:运动之貌,徜徉,活动。

【译文】

影子以外的暗影问阴影说:"你从前低着头,现在仰着头;从前扎着头发,现在散着头发;从前坐着,现在立着;从前走路,现在停站着。这是为什么呢?"

阴影说:"区区小事,何需问呢!我这样做了,并不知道其中的所以然。我就像蝉脱了壳一样,就像蛇脱了皮一样,有点像却又不是。有火和太阳,我就聚结显现;在阴天和黑天,我就消失了。它(形体)是我所要依靠的吗?何况那没有任何可依赖的事物呢?它(形体)来,我就和它一同来;它走,我就和它一同走;它徘徊,我就和它一同徘徊。我不过是个活动的影子,又有什么可问的呢?"

七

阳子居南之沛,老聃西游于秦,邀于郊,至于梁而遇老子。老子中道仰天叹曰:"始以汝为可教,今不可也。"

阳子居不答。至舍,进盥漱巾栉,脱屦户外,膝行而前曰:"向者弟子欲请夫子,夫子行不闲,是以不敢。今闲矣,请问其过。"

老子曰:"而睢睢盱盱①,而谁与居?大白若辱,盛德若不足。"

阳子居蹵然变容曰:"敬闻命矣②!"

其往也,舍者迎将,其家公执席,妻执巾栉,舍者避席,炀者避灶。其反也,舍者与之争席矣。

【注释】

① 而睢睢(suī)盱盱(xū):你骄横跋扈的样子。睢睢,仰视的样子;盱盱,张目的样子。

② 敬闻命矣:谓我衷心地接受老师的教诲。

【译文】

阳子居往南方沛邑去,老子往西方秦国去,约在郊外见面,走到梁邑,遇见了老子。老子在半路上,仰着头向天叹息,说:“起初,我以为你可以教诲,现在才知道你是不可以教诲的了!”

阳子居没有回话。到了旅店里,整理老子梳洗用具,把鞋脱在门外,跪着走到老子面前,说:“方才,学生想着向老师请教,因为老师在路上,没有空闲,所以不敢发问。现在,老师空闲了,我请问我的过失是什么。”

老子说:“你那种不可一世的样子,谁愿意同你在一起呢?最洁白的就像是污黑的,德行最高的就像是不充分的。”

阳子居惊悚地变了面色,对老子说:“敬听先生的教诲了。”

阳子居往沛邑去的时候,店家都迎送他,那里的店主人安排坐席,店主娘子给他拿洗脸梳头的用具,先坐的人让出座位,烤火的人见了他就躲开炉灶。到阳子居回来的时候,旅客们不再拘束都争着和他坐在一起了。

列御寇

一

列御寇之齐，中道而反，遇伯昏瞀人。伯昏瞀人曰："奚方而反？"

曰："吾惊焉。"

曰："恶乎惊？"

曰："吾尝食于十浆，而五浆先馈。"

伯昏瞀人曰："若是，则汝何为惊已？"

曰："夫内诚不解，形谍[①]成光，以外镇[②]人心，使人轻乎贵老，而螫其所患。夫浆人特为食羹之货，无多余之赢[③]，其为利也薄，其为权也轻，而犹若是[④]，而况于万乘之主乎！身劳于国而知尽于事，彼将任我以事而效我以功，吾是以惊。"

伯昏瞀人曰："善哉观乎！汝处己，人将保女矣！"

无几何[⑤]而往，则户外之屦满矣。伯昏瞀人北面而立，敦[⑥]杖蹙之乎颐，立有间，不言而出。

宾者以告列子，列子提屦，跣而走，暨乎门，曰："先生既来，曾不发药[⑦]乎？"

曰："已矣，吾固告汝曰人将保汝，果保汝矣。非汝能使人保汝，而汝不能使人无保汝也，而焉用之感豫出异也！必且有感摇而本才，又无谓也。与汝游者又莫汝告也，彼所小言，尽人毒也；莫觉莫悟，何相孰也！巧者劳而知者忧，无能者无所求，饱食而遨游，汎[8]若不系之舟，虚而遨游者也。”

【注释】

① 谍：泄。

② 镇：服。

③ 赢：盈利。

④ 犹若是：谓竟如此敬重我。是，此。

⑤ 无几何：没多久。

⑥ 敦：竖。

⑦ 发药：开出治病药方。

⑧ 汎：泛，飘荡。

【译文】

列御寇到齐国去，半路上又折了回来，遇上伯昏瞀人。伯昏瞀人问道：“什么事情使你又折了回来？”

列御寇说：“我感到惊惶不安。”

伯昏瞀人又问：“为什么惊惶不安？”

列御寇说：“我曾在十家卖羹汤的地方喝汤，却有五家事先就给我送汤来了。”

伯昏瞀人说：“像这样的事，你怎么会惊惶不安呢？”

列御寇说：“内心至诚却又未能从流俗中解脱出来，外部身形就会有所宣泄而呈现出神采；用外在的东西镇服人心，对自己的尊重胜过尊重年老的人，必然会招致祸患。那卖羹汤的人只不过是为了卖掉饮用的羹汤，没有多少盈利，他们获利是很微薄的，权势也轻微，可是还如此地对待我，何况那大国的国君呢？国君亲身操劳于国家而才智耗尽于政事，他们定会把重任托付给我并检验我的功绩。我正因为这个缘故才惊惶不已。”

伯昏瞀人说：“你的观察与分析实在是好啊！你安处自身吧，人们一定会归附于你了！”

没有多久伯昏瞀人前去看望列御寇，看见门外摆满了鞋子。伯昏瞀人面朝北方站着，竖着拐杖撑住下巴。站了一会儿，一句话也没说就走出去了。

接待宾客的人员告诉了列御寇，列御寇提着鞋子，光着脚就跑了出来，赶到门口，说："先生已经来了，竟不说一句批评指教的话吗？"

伯昏瞀人说："算了算了，我本来就告诉你人们将会归附于你，果真都在归附你了。不是你能让人归向你，而是你不能做到让人们不归附于你。你何必用显迹于外的做法让人感动而预先就表现得与众不同呢！必定是有什么动摇你的本性哩，而你又无可奈何。跟你在一起的人又没有谁能提醒告诫你，他们细巧迷惑的言辞，全是毒害人的；没有谁觉醒，没有谁省悟，怎么能彼此相互审视详察！灵巧的人多劳累而聪慧的人多忧患，没有能耐的人也就没有什么追求，填饱肚子就自由自在地遨游，飘然像无所系的船只，这才是心境虚无而自由遨游的人。"

二

郑人缓也呻吟于裘氏之地，祇三年而缓为儒，河润九里，泽及三族[①]，使其弟墨。儒墨相与辩，其父助翟，十年而缓自杀。其父梦之曰："使而子为墨者予也。阖尝视其良，既为秋柏之实矣？"

夫造物者之报[②]人也，不报其人而报其人之天。彼故使彼。夫人以己为有以异于人以贱其亲[③]，齐人之井饮者相捽[④]也。故曰今之世皆缓也。自是，有德者以不知也，而况有道者乎！古者谓之遁天之刑。

圣人安其所安，不安其所不安；众人安其所不安，不安其所安。

庄子曰："知道易，勿言难。知而不言，所以之天也；知而言之，所以之人也。古之至人，天而不人。"

朱泙漫学屠龙于支离益，单[⑤]千金之家，三年技成而无所用其巧。

圣人以必不必[⑥]，故无兵；众人[⑦]以不必必之，故多兵；顺于兵，故行有求。兵，恃之则亡。

小夫之知，不离苞苴竿牍[⑧]，敝[⑨]精神乎蹇浅，而欲兼济道物，太一形虚。若是者，迷惑于宇宙，形累不知太初。彼至人者，归精神乎无始而甘瞑乎无何有之乡。水流乎无形，发泄乎太清。悲哉乎！汝为知在毫毛，而不知大宁。

【注释】

① 三族:指父族、母族、妻族。

② 报:成就。

③ 贱其亲:指缓托梦怨责其父而言。贱,轻贱。

④ 捽(zuó):揪住扭打。

⑤ 单:通"殚",竭尽。

⑥ 以必不必:把必然视为不然。

⑦ 众人:指一般人。

⑧ 苞苴竿牍:礼仪上的赠答。古人赠礼多以茅苇包裹,互相问候多以竹简尺牍。

⑨ 敝:耗费。

【译文】

郑国有个名叫缓的人在裘氏地方吟咏诵读,只用了三年就成了儒生,像河水滋润沿岸的土地一样润泽着广远的地方,他的恩惠还施及三族,让他的弟弟学墨学。儒家、墨家不能相容而相互争辩,缓的父亲则站在墨家一边。过了十年缓愤而自杀,他的父亲梦见他说:"让你的儿子成为墨家,还是我的功劳。怎么不看看我的坟墓,上面种的秋柏已经结出了果实!"

造物者所给予人们的,不会赋予人的才智和能力而是赋予人们自然的本性。缓的弟弟具备了墨家的禀赋因而能使他成为墨家学人。缓总认为自己有什么与众不同的地方才这样轻侮他的父亲,就跟齐人自以为挖井有功而与饮水的人抓扯扭打一样,看来如今社会上的人差不多都是像缓这样贪天之功据为己有的人。自以为是,在有德行的人看来是不智的,更何况是有道的人啊!古时候人们称这种贪天之功的做法是违背自然规律而应当受到刑戮。

圣哲的人安于自然,却不适应人为的摆布;普通人习惯于人为的摆布,却不安于自然。

庄子说:"了解道容易,不去谈论却很困难。了解了道却不妄加谈论,这是通往自然的境界;了解了道却信口谈论,这是走向人为的尘世。古时候的人,体察自然而不追求人为。"

朱泙漫向支离益学习屠龙的技术,耗尽了千金的家产,三年后学成技术却没有什么机会可以施展这样的技巧。

圣哲的人对于必然的事物不执拗，所以总是没有争论；普通人却把非必然的东西看作必然，因而总是争论不休。曲从于纷争，所以有贪求的行为纷争，依仗于它到头来只会自取灭亡。

世俗人的聪明做法，离不开应酬交际，在浅薄的事情上耗费精神，一心想着兼济天下疏导万物，满以为这就可以达到混沌初开、物我相融的境界。像这样的人，早已被浩瀚的宇宙所迷惑，身形劳苦拘累却并不了解混沌初始的真谛。那些道德修养极高的人，让精神回归到鸿蒙初开的原始状态，甘愿休眠在没有任何有形事物的世界。像水流一样随顺无形，自然而然地流淌在清虚空寂的境域。可悲啊！世俗人把心思用在毫毛琐事上，却一点也不懂得宁静、自然和无为。

三

宋人有曹商者，为宋王使秦。其往也，得车数乘。王说之，益车百乘。反于宋，见庄子曰："夫处穷闾厄[1]巷，困窘织屦，槁项黄馘[2]者，商之所短也；一悟[3]万乘之主而从车百乘者，商之所长也。"

庄子曰："秦王有病召医，破痈[4]溃痤者得车一乘，舐痔者得车五乘，所治愈下，得车愈多。子岂治其痔邪？何得车之多也？子行矣[5]！"

鲁哀公问乎颜阖曰："吾以仲尼为贞幹，国其有瘳乎？"

曰："殆哉圾乎！仲尼方且饰羽而画，从事华辞，以支为旨，忍性以视民而不知不信，受乎心，宰乎神，夫何足以上民！彼宜女与？予颐与？误而可矣。今使民离实学伪，非所以视民也，为后世虑，不若休之。难治也。"

施于人而不忘，非天布也。商贾不齿，虽以事齿之，神者弗齿[6]。

为外刑者，金与木也；为内刑者，动[7]与过也。宵人[8]之离外刑者，金木讯之；离内刑者，阴阳食[9]之。夫免乎外内之刑者，唯真人能之。

【注释】

① 厄:通“隘”,狭窄。

② 馘(xù):脸面。

③ 一悟:一旦使之觉悟。

④ 痈(yōng):脓疮。

⑤ 子行矣:你快点走开吧!

⑥ 神者弗齿:思想上看不起他。

⑦ 动:烦恼,苦闷。

⑧ 宵人:小人。

⑨ 食:残食,伤害。

【译文】

宋国有个叫曹商的人,为宋王出使秦国。他前往秦国的时候,得到宋王赠与的数辆车子;秦王喜欢他,又加赐车辆一百乘。曹商回到宋国,见了庄子说:“身居偏僻狭窄的陋巷,贫困到编鞋度日,脖颈干瘪面色饥黄,这是我不如别人的地方;一旦有机会使大国的国君省悟而随从的车辆达到百乘之多,这又是我超过他人之处。”

庄子说:“听说秦王有病召请属下的医生,破除脓疮溃散疖子的人可获得车辆一乘,舔治痔疮的人可获得车辆五乘,凡是疗治的部位越是低下,所能获得的车辆就越多。你难道是医治痔疮的吗?怎么获得的车辆如此之多呢?你走开吧!”

鲁哀公向颜阖问道:“我想把仲尼任命为大臣,国家有希望了吧?”

颜阖说:“危险了,实在是危险啊!仲尼喜欢雕琢文饰,追求和讲习虚伪的言辞,把枝节看作是要旨,扭曲心性以夸示于民众却不知道自己不信实;让这样的做法承受于内心,并主宰着精神,怎么能够管理好人民!仲尼果真适合于你吗,还是他真的能够养育人民呢?那就一定要误人了。现今让人民背离真情学习伪诈,这不是用来导引民众的办法,为后世子孙着想,不如早早放弃上述打算。孔丘是很难治理好国家的。”

施与别人恩惠却总忘不了让人回报,远不是自然对普天之下广泛而无私的赐予。施恩图报的行为商人都瞧不起,即使有什么事情必须与他交往,内心也是瞧不起的。

施加皮肉之刑的，不外乎是金属或木质的刑具；给内心世界带来惩罚的，则是自身的烦乱和行动的过失。小人受到皮肉之刑，是用刑具加以拷问；小人内心受到惩罚，则是阴气阳气郁积所造成的侵害。能够免于内外刑辱的，只有真人才可做到。

四

孔子曰："凡人心险于山川，难于知天。天犹有春秋冬夏旦暮之期，人者厚貌深情。故有貌愿而益，有长若不肖，有顺懁[①]而达，有坚而缦，有缓而釬[②]。故其就义若渴者，其去义若热。故君子远使之而观其忠，近使之而观其敬，烦使之而观其能，卒然问焉而观其知，急与之期而观其信，委之以财而观其仁，告之以危而观其节，醉之以酒而观其侧，杂之以处而观其色。九征至，不肖人得矣。"

正考父一命而伛，再命而偻，三命而俯，循墙而走，孰敢不轨！如而夫者，一命而吕钜，再命而于车上儛，三命而名诸父，孰协唐许[③]！

贼莫大乎德有心而心有睫，及其有睫也而内视，内视而败矣。凶德有五，中德为首，何谓中德？中德也者，有以自好也而吡其所不为者也。

穷有八极，达有三必，形有六府。美髯长大壮丽勇敢，八者俱过人也，因以是穷。缘循，偃佒[④]，困畏不若人。三者俱通达。知慧外通，勇动多怨，仁义多责。达生之情者傀[⑤]，达于知者肖[⑥]；达大命者随，达小命者遭[⑦]。

【注释】

① 懁(xuān)：急躁。

② 釬(hàn)：强悍。

③ 唐许：唐尧、许由。上古传说中的高尚之士。

④ 偃佒：俯仰。

⑤ 傀：大。

⑥ 肖：小。

⑦ 达小命者遭：谓知道短命之理的人能够随遇而安。遭，遇。

【译文】

孔子说："人心比山川还要险恶，比预测天象还要困难。自然界尚有春夏秋冬和早晚变化的一定周期，可是人却面容复杂多变情感深深潜藏。有的人貌似老实却内心骄溢，有的人貌似长者却心术不正，有的人外表拘谨内心急躁却通达事理，有的人外表坚韧却懈怠涣散，有的人表面舒缓而内心却很强悍。所以人们趋赴仁义犹如口干舌燥思饮泉水，而他们抛弃仁义也像是逃离炽热避开烈焰。因此君子总是让人远离自己任职而观察他们是否忠诚，让人就近办事而观察他们是否恭敬，让人处理纷乱事务观察他们是否有能力，突然提问观察他们是否有心智，交给期限紧迫的任务观察他们是否守信用，把财物托付给他们观察是否清廉，把危难告诉给他们观察是否持守节操，用醉酒的方式观察他们的仪态，用男女杂处的办法观察他们对待女色的态度。上述九种表现一一得到证验，不好的人也就自然挑拣出来。"

正考父首次被任命为士便逢人躬着背，再次任命为大夫便深深地弯着腰，第三次任命为卿更谦恭地俯下身子，总是让开大道顺着墙根快步急走，像这样谁敢不效法！如果是凡夫俗子，首次任命为士就会傲慢矜持，再次任命为大夫就会在车上手舞足蹈，第三次任命为卿就要人呼叔称伯了，像这样谁还会成为唐尧、许由那样谦让的人呢？

最大的祸害莫过于有意培养德行而且有心眼，等到有了心眼就会以意度事主观臆断，而主观臆断必定导致失败。招惹凶祸的官能有心、耳、眼、舌、鼻五种，内心的谋虑则是祸害之首。什么叫内心谋虑的祸害呢？所谓内心谋虑的祸害，是指自以为是而诋毁自己所不赞同的事情。

困厄窘迫源于以下八个方面的自恃与矜持，顺利通达基于以下三种情况的必然发展，就像身形必具六个脏腑一样。貌美、须长、高大、魁梧、健壮、艳丽、勇武、果敢，八项长处远远胜过他人，于是依恃傲人必然导致困厄窘迫。因循顺应、俯仰随人、困厄怯弱而又态度谦下，三种情况都能遇事通达。智慧外露，勇猛躁动必多怨恨，倡导仁义必多责难。通晓生命实情的人心胸开阔，精通知巧的就心境狭小，通晓长寿之道的人随顺自然，通晓寿命短暂之理的人也能随遇而安。

五

人有见宋王者，锡[①]车十乘。以其十乘骄稚[②]庄子。

庄子曰："河上有家贫恃纬萧而食者，其子没于渊，得千金之珠。其父谓其子曰：'取石来锻之！夫千金之珠，必在九重之渊而骊[③]龙颔下。子能得珠者，必遭其睡也。使骊龙而寤，子尚奚微之有哉！'今宋国之深，非直九重之渊也；宋王之猛，非直骊龙也。子能得车者，必遭其睡也；使宋王而寤，子为齑粉夫。"

或聘[④]于庄子。庄子应其使曰："子见夫牺牛乎？衣以文绣，食以刍菽，及其牵而入于大庙，虽欲为孤犊[⑤]，其可得乎！"

庄子将死，弟子欲厚葬之。庄子曰："吾以天地为棺椁，以日月为连璧，星辰为珠玑，万物为赍[⑥]送。吾葬具岂不备邪？何以加此！"

弟子曰："吾恐乌鸢之食夫子也。"

庄子曰："在上为乌鸢食，在下为蝼蚁食，夺彼与此，何其偏[⑦]也。"

以不平[⑧]平，其平也不平；以不征征，其征也不征。明者唯为之使，神者征之。夫明之不胜神也久矣，而愚者恃其所见入于人，其功外也，不亦悲乎！

【注释】

① 锡：赐。

② 骄稚：炫耀。

③ 骊：黑。

④ 聘：征聘，聘用。

⑤ 孤犊：无母之小牛。

⑥ 赍(jī)：赠送。

⑦ 偏：偏心。

⑧ 不平：不公开。平，公平。

【译文】

有人拜见宋王，宋王赐给他车马十乘。这人依仗这些车马在庄子面前炫耀。

庄子说："河上有一个家庭贫穷靠编织苇席为生的人家，他的儿子潜入深渊，得到一枚价值千金的宝珠。父亲对儿子说：'拿石块来锤坏这颗宝珠！价值千金的宝珠，必定出自深深的潭底黑龙的下巴下面。你能轻易地获得这样的宝珠，一定是正赶上黑龙睡着了。倘若黑龙醒过来，你还想活着回来吗？'如今宋国的险恶，远不只是深深的潭底；而宋王的凶残，不止于黑龙那样。你能从宋王那里获得十乘车马，也一定是遇上宋王睡着了。倘若宋王一旦醒过来，你也就必将粉身碎骨了。"

有人向庄子行聘。庄子答复他的使者说："你见过那准备用作祭祀的牛牲吗？用织有花纹的锦绣披着，给它吃草料和豆子，等到牵着进入太庙杀掉用于祭祀，就是想要做个没人看顾的小牛，难道还可能吗？"

庄子快要死了，弟子们想厚葬他。庄子说："我把天地当作棺椁，把日月当作连璧，把星辰当作珠玑，万物都可以成为我的陪葬。我的葬礼还不够吗？哪里用得着再加上这些东西？"

弟子说："我们担忧乌鸦和老鹰啄食先生的遗体。"

庄子说："弃尸地面将会被乌鸦和老鹰吃掉，深埋地下将会被蚂蚁吃掉，夺过乌鸦老鹰的吃食再交给蚂蚁，多么偏心。"

用偏见去追求均平，这样的均平绝对不是自然的均平；用人为的感应去应验外物，这样的应验绝不是自然的感应。自以为明智的人只会被外物所驱使，精神世界完全超脱于物外的人才会自然地感应。自以为明智的人早就比不上精神世界完全超脱的人，可是愚昧的人还总是自恃偏见而沉溺于世俗和人事，他们的功利只在于追求身外之物，这不很可悲吗！